まちがいだらけの日本語文法

町田健

講談社現代新書

はじめに——文法はなぜ必要なのか

文法とは何か

文法とは、文字通り「文」についての「法」、つまり正しい文を作るための決まりのことです。文は単語を一列に並べて作られ、文が表す意味（事柄）は、基本的には、単語が表す意味を組み合わせることで理解されます。ただし、単語の意味を組み合わせて文の意味を作るのが基本だからといって、単語の並べ方はでたらめでもいいということでは決してありません。たとえば、「太郎は映画を見た」という文は、「太郎」「は」「映画」「を」「見」「た」という六つの単語からできていますが、これらの単語をまったく適当に並べて、「見を太郎映画はた」のような形にしても、これでは日本語の文だとは言えません。「太郎」のすぐあとに「は」を、「映画」のすぐあとに「を」を、「見」のすぐあとに「た」を置くのが、日本語がもっている語順の決まりであって、それ以外の語順は許されません。日本語は英語などに比べて語順が自由だと言われることがありますが、決してそうではなくて、日本語でも、文を作っている単語を並べるための決まりはきちんとあるわけです。別の言い方をすれば、単語の並べ方は、文を作るための決まりの一部なのでして、文法を作り上げている重要な要素の一つだと見なすことができます。

さてここで、「太郎は映画を見た」という並べ方を「映画を太郎は見た」という並べ方にすると、日本語の文としては少し不自然になります。これはどうしてかと言うと、「は」のついた名詞は、くわしくはあとで説明しますが、日本語の文法では「主題」と呼ばれて、文が表す事柄の中心となるモノを表しており、主題は文の先頭に来るのが原則だからです。ただ、「映画を太郎は見た」という並べ方でも、日本語の文として全然駄目だというわけではありません。ですがこの場合には、「太郎は映画を見たけれども、他の人は見なかった」のような、二つの事柄が「対比」されているという意味が出てきます。つまり、「太郎は」と「映画を」の順番を入れ替えることで、文全体が表す意味が変わってくるということになります。

このような意味の違いが出てくるのは、「は」のついた名詞の働きが、文の中のどの場所にあるかで決まってくるという性質があるからです。今の例で言えば、文の先頭にある時には、普通の「主題」としての働きをしているわけですが、そうではない場合には他のモノとの「対比」を表すという働きをしています。

「は」は伝統的な国文法では「副助詞」とか「係助詞」と呼ばれていて、先ほどお話ししたように「主題」とか「対比」という抽象的な内容を表す働きをしていますが、同じように抽象的な内容を表す、「ね」や「よ」のような終助詞についてだと、使われる順番が大事になることがあります。たとえば、「これは英語の本だよね」という文では、「よ」のあとに「ね」が続いています。ところが「ね」と「よ」の位置を入れ替えた「これは英語の本だねよ」という形になると、これでは正しい日本語にはなりません。

抽象的な内容を表す単語が、文中でどういう位置にあるかで意味が変わったり、順番を変えると正しくなくなったりするというのも、文を作っている単語の意味が組み合わされて、文全体の意味が作り上げられるというしくみに関係しているのだと考えてよいでしょう。ですから、こういうこともやはり、日本語の文法に含まれる問題だと言えます。

そして、位置によって意味が変わったり、並べる順番に決まりがあるのは、「は」とか「ね」とか「よ」のような助詞がもっている意味から出てくるのだとしか考えられませんから、このような単語が、基本的にはどんな意味を表しているのかをきちんと突き止めることも、文法としてはどうしても考えなければならない問題なわけです。

ですから文法というのは、まずもっては、単語がある一定の順番で並んで作られる文が表している事柄に、文を作っている単語の意味がどういう形で関係してくるのかをきちんと書き表すものでなければなりません。そしてまた、文法によって書き表された内容が説得力をもつためには、その内容を誰もが納得できるような形で説明できることも必要です。先ほどお話ししたような、「は」が文の中でどこにあるかによって働きが変わってくるということにしても、事実としては、コトバに対して直観のよく働く人であれば、誰にでも観察できるものだと思います。ですが、文法がこういった事実をあげるだけのものだとしたら、それは正しい文をあれこれ記して、ちょっと解説をほどこしただけの、受験用例文集のようなものになるだけです。もっと進んで、こういう事実が出てくる原因は何なのかを説明することができてこそ、書き表された結果が、日本語という言葉の文法として、本当の意味で役に立つものになるのだと思います。

文法的におかしい文章とは

文法というと、学者が自分の学問的な興味を満足させることを目的としてやっているだけで、実際の役になど立たないものではないかと思う人もいるかもしれません。文法の研究は立派な学問の一分野ですから、確かにそういう側面がないわけではありません。ですが、それだけではなくて、私たちは日本語の文法を知ることで、日本語という言語で正しく使える文とは一体どんなしくみをもっていなければならないのかを、改めて確認することができます。

そして、日本語の文がもつしくみを確認できれば、日本語で言われたり書かれたりした文が、どんな意味を表しているのかを誤解なく理解することができるようになります。さらには、こちらのほうが大切なのですが、自分で日本語を言ったり書いたりする時に、自分が他の人に伝えたいと思っている意味を、できるだけ正確に表現できる「達意」の文を作ることができるようになるという利点もあります。

一例として、次の二つの文章を見てみましょう。ここには日本語の文法から見ておかしな表現が含まれているのですが、皆さんにはおわかりになるでしょうか。

(1)……スタジオに入ると、岡田は自然に作り笑顔になった。歌手生活が身につけた条件反射のようなものだ。

(2)「写真の女性をご存知だそうですね?」
と聞くと、女はコクンと肯いた。

「名前は?」

「山本和美さんです」……

二人の女が写っていた。一人は眼の前の女で、もう一人は確かに、あの写真の女に似ていた。

「ね。間違いないでしょう?」

と、女が中川に確認を求めた。

「そうらしいですね」
と、中川は肯いた。

（1）では、「歌手生活が身につけた条件反射」という表現が、日本語の文法に違反しています。

「歌手生活が身につけた」という部分は、「条件反射」という名詞を修飾する節で、文法用語では「関係節」とか「形容詞節」あるいは「連体修飾節」などと呼ばれます。この節の動詞は「身につけた」です。「身につける」という動詞だと、「花子は服を身につけた」や「若者は礼儀を身につけるべきだ」のように、主語になるのは「人」でなければなりません。このように、動詞がどのような性質をもつ主語をとるかということも、文法に含まれる要素です。

　ところがこの節で主語となっている「歌手生活」は、「事柄」を表していて「人」を表すのではありません。ということで、この表現は日本語の文法に従っていないということになります。もし文法的に正しい表現にしたいならば、人である「岡田」を主語にして、「岡田が歌手生活によって身につけた条件反射」のようにすべきところです。もしどうしても「歌手生活」を主語にしておきたいのなら、「歌手生活が身につけさせた条件反射」

とすべきでしょう。

「歌手生活が身につけた条件反射」と書かれると、歌手生活という抽象的な事柄が、まるで人間のように活動していて、それが何らかの条件反射をするようになるなどという、現実世界では決して起こることのない事態を思わせることになってしまい、この文章を読む人の頭を混乱させかねません。

(2)では、「そうらしいですね」という文が文法的とは言えません。日本語の助動詞には、「ようだ」と「らしい」という、「推定の助動詞」と呼ばれるものが二つあります。これらは、ある事柄を、何らかの事実にもとづいて推定した内容を表すのですが、推定された内容の性質が違います。「ようだ」だと、推定された内容が本当なのかどうかを、自分で直接確かめることができてもできなくても使えるのに対し、「らしい」だと、推定された内容は、話し手が他人から聞いたりして間接的に知ったものであって、すぐに確かめることはできません。

このため、「夕焼けがきれいだから明日は晴れるようだ」とは言えますが、「夕焼けがきれいだから明日は晴れるらしい」とは言いません。

「明日晴れる」という事実は、当然明日になれば自分で確かめることができます。それなのに、「らしい」を使うと、天気が晴れたかどうかを自分で確かめることができないことを意味するので、おかしいわけです。
(2)の文章で推定されている内容は、写真に写っている二人の女のうち、一人が山本和美という女性だということなのですが、中川のこの推定は写真を直接見ながら行われています。つまり、推定された内容は直接的な経験にもとづくものだということになりますから、ここでは「そのようですね」と言うのが文法的に適切なのです。
「そうらしいですね」のままだと、写真の女が山本和美だという推定は、今実際に中川が見ている写真をもとにしているのではなくて、他にもまた証拠があるのだという、誤った理解を読者に与える危険を生じさせてしまうことになります。
以上の例についての、文法的な観点からの指摘からもわかるように、日本語の文法をきちんと守った文を言ったり書いたりすることで、聞き手や読み手の側が、不必要な誤解をしたり、理解する際に混乱したりすることを避けることができます。そしてそのことによって、私たちは、文法に注意しない場合よりはもっと効率的に、自分の言いたい事柄を相手に伝えることができるようになるのだと考えていいでしょう。

本書の目的

私たちには日常生活で、いつも誰かに自分の意志を伝える必要が起きてきます。そしてその相手が、私たちが意図しているのと同じ事柄を理解してくれることが、私たちにとって望ましいことは言うまでもありませんし、そのことによって私たちは、そうではない場合よりも大きな利益を得ることができます。日本語の文法を知ることは、日本語という言語が、一体どんな性質をもっているのかを知るという知的な喜びだけではなく、日本語を使う社会で生活しているすべての人間にとって、役に立つ伝達の手段を与えてくれるものだとも言えます。

ですから、私たちが学ばなければならない文法は、私たちが日本語によって事柄を伝えるときに、どのようにすれば自分の意図する事柄を正しく、しかも効率的に理解させることができるかという観点から書かれることが望ましいわけです。そのためには、日本語の特質を、コトバ一般の視点から見て、記述や説明の仕方が理にかなった文法であることは当然のことなのですが、同時に、日本語で作られた文の意味が、それを聞いたり読んだりする人によって、どのようにして理解されるのかを十分に考慮したものでなければなりません。

ところが、私たちが学校（大体は中学校）で教えられる、「国文法」とか「学校文法」などと呼ばれているものは、記述の中身が不正確なことがあるだけではなくて、説明についても、あまり納得できるとは言えなさそうな場合がかなり見られます。さらにまた、記述された内容にしても、文を作っているそれぞれの単語の意味が、文全体が表す意味にどのような形で関わってくるのかという、文の意味を理解するための重要な過程がきちんと考慮されているとは言えないことが多いようです。そしてそのために、国文法は、高校受験に文法の問題が出題されるから、教科書や参考書に書いてある項目を、仕方なくずらずらと暗記するだけのものになってしまっているとも言えます。

ですが今もお話ししたように、文法は私たちの伝えたい内容を、正確にそして効率的に理解してもらうための、便利で役に立つ知識を教えるものでなければならないはずです。本書では、私たちが教えられてきた文法に含まれるいろいろな問題点を指摘しながら、本当に役に立つ文法とはどのようなものであるべきかを考えていきたいと思います。

それぞれの節の最初には、国文法でよく出題される問題をあげてあります。これらの問題をまず眺めていただいて、国文法で取り上げられるポイントを、まずは頭に入れてください。どのポイントにも、よく考えてみると納得のいかない問題点があります。本文の解説ではそれを指摘し、そしてそのあとで、その問題点がどうしたら解決できるのかをお話ししていくことにします。

目次

第一章

単語が並んで文を作るしくみを考える

1　文を文節に区切って何がうれしいのか

問題　次の文を文節に区切りなさい。
そのかわいい女の子は小さなイヌと散歩していた。

解答
その｜かわいい｜女の子は｜小さな｜イヌと｜散歩して｜いた。

文節の区切りは「自然」なのか
国文法では、文節は「不自然でない程度に文を区切った一区切り」だとされています。学校では、間に「ね」を入れることができる区切りが文節だと覚えればいいんだ、と国語の先生は教えてくれるようです。確かに「そのネ、かわいいネ、女の子はネ、小さなネ、イヌとネ、散歩してネ、いた」のように言うことはできるかもしれません。
ここでまず問題なのは、「不自然でない程度に文を区切る」というひどくアイマイな定義です。「不自然でない程度に」などと言われても、人によって不自然だと感じる度合いは違ってくるのが普通なのではないでしょうか。模型の飛行機を不自然でない程度に分解してみろ、と言われて、皆が同じように分解することはおそらくないのと同じことです。日本語の話者であれば誰でも、区切り方に違いはありえないのだという（多分ありえない）事実が証拠立てられない限りは、「不自然でない程度」などという、どうにも感覚的な定義は決して受け入れられるものではありません。

私だったら、「その」と「かわいい」の間に「ね」を入れて区切るのは少し不自然な気がしますし、「散歩して」と「いた」を区切るのにいたっては、ほとんどまったく不自然だとさえ言いたくなってしまいます。

このことからもおわかりになるように、国文法で教えられる文節という単位は、結局のところ、誰がやっても必ず同じものができあがるような形で定義されているのではありません。要するに、こういうものは定義と言えるしろものではないということです。まともな定義もなされていないのに、最初にあげたような問題を、国文法を勉強し始めた途端に解かされる日本の中学生は、まことにお気の毒だと思わざるをえません。

文節という単位を、文のしくみを明らかにするための基本として設定しようと思うのならば、当然のことながら、誰がやってもまったく同じ文節に区切ることになるような、客観的な文節の定義が与えられていなければなりません。もちろん、細かい点で考え方の違いが出てくるのは、どんな単位を設定する場合にも起こりうることです。ですが、一番最初の段階で定義をしようとするときには、誰がやっても同じようになるように配慮しておくことは絶対に必要です。

そうでなければ、たとえば日本語の文がどのようなしくみで成り立っているのかを論じるような場合に、自分の考えに都合のよい文節を適当に設定することができることになってしまいます。「日本語の助詞は一つの文節を作る」のだ、という考えをもっていて、それが正しいと信じている人なら、「女の子は」を「女の子」と「は」に区切るのは自然だし、「イヌと」を「イヌ」と「と」に区切るのも自然だ、と主張すればよいわけです。こういう説明に説得力がないのは、誰にとっても明らかでしょう。

文節は定義不可能

文節という単位が、誰がやっても同じように決まるようにするためには、どんな種類の単語がどのような順番で並べば文節になるのかを、きちんと決めておかなければなりません。別の言い方をすれば、文節を作っている品詞とその並び方、少し専門的な用語を使えば、文節の「構造」を作る決まりを設けておくということです。

それでは、一体そういう決まりを考えることができるのかどうかを、問題にあげた文を例にとって考えてみることにしましょう。

問題の文を作っている文節それぞれについて、品詞とその並び方を見てみると次のようになります。

その＝連体詞
かわいい＝形容詞
女の子は＝名詞＋副助詞（「女の子」は一つの名詞だと考えておきます）
小さな＝連体詞
イヌと＝名詞＋格助詞
散歩して＝動詞＋接続助詞
いた＝補助動詞

これを見ると、連体詞や形容詞などの一つの品詞だけで文節ができていることもあれば、名詞のあとに副助詞や格助詞が続いたり、動詞のあとに接続助詞が続いたりして文節が作られることもあることがわかります。これだと、文節が二つ以上の品詞からできている場合には、名詞や動詞のあとに助詞が続くのが決まりらしいということまではわかります。ですが、どうもそれ以外には、文節とはどんな品詞がどんな順番で並ぶことによって作られているのかを、はっきりと決めるのはむずかしいように思われます。

そして実際は、文節の構造を、はっきりした規則のような形できちんと表現することができたとしても、結局のところは、日本語の文を作っている単語がどんなしくみで並んでいるのかを示すことはできないのです。その理由を次に説明します。

文節では文の構造を示せない

日本語の文は文節からできているのだ、というのだけが日本語の文の構造を表す決まりだとしたら、日本語の文の構造は次のような形で表されることになります。

文＝文節1＋文節2＋……＋文節n

前にあげた「その」「かわいい」「女の子は」などの単位は日本語の文節でしたから、連体詞とか形容詞、あるいは「名詞＋副助詞」などは、どれも文節のしくみを表した決まりだということになります。ところが、文が文節からできているという考えでは、文節にはどんな種類があるのかということは規定されていません。だとしたら、どんな文節が組み合わされていても、それは日本語の文としてありうることになるはずです。となると、たとえば次のような構造をもつ文も、立派な日本語の文だということになりそうです。

文＝文節1（＝動詞＋接続助詞）＋文節2（＝形容詞）＋文節3（＝連体詞）

「動詞＋接続助詞」として「知って」、「形容詞」として「悲しい」、「連体詞」として「あの」を当ててみるならば、「知って悲しいあの」というのも、ちゃんとした日本語の文だ、文句を言うな、ということになってしまいます。もちろん、こんな表現が日本語の文ではないことは誰にでもわかります。ところが残念なことに、文を文節に区切って日本語の文の構造を表すだけの方法では、こんな表現でも、文ではないものとして取り除くことができないのです。

別の言い方をすれば、文は文節に区切られます、という単純な表し方では、たとえ文節のしくみを誰にも文句を言われないようにして決めることができたとしても、文を作っている単語の並び方のしくみ、つまり文の構造をきちんとした形で言い表すことはできないということなのです。

もちろん国文法でも、多分こういう問題に対処できるようにするためだろうと思われますが、「連文節」と呼ばれる、文節よりも大きな単位が設けられています。今考えている例だと、「その」「かわいい」「女の子は」が一つにまとまって連文節を作り、さらに「小さな」と「イヌと」が別の連文節を、そして「散歩して」と「いた」がまた別の連文節を作るということになります。

確かに「そのかわいい女の子は」であれば、全体として文の主語としての働きをしていますから、こういう連文節が、文を作っている文節よりも大きな単位なのだと考えることはできるでしょう。ですが結局のところ、連文節とは一体どんな種類の文節からできているのか、ということは、文節の場合と同じようによくわからないのですから、文は連文節からできていますと言ったところで、日本語の文の構造を作るしくみが与えられたことには決してなりません。

今までの話でおわかりのように、文を文節に区切るのは、これは文なのだ、そしてお前に日本語がわかるんだったら、どういうふうに区切ればいいのかも自然にわかるはずだ、と言いながら、定義のあやふやないくつかの部分に分けるだけのことなのです。これでは、文がいくつかの細かい単位に分かれるという、誰でもはじめから知っている事実を改めて確認させるだけのことにすぎず、日本語の文を作っている単語の並び方のしくみについての、本当に意義のある分析を示したものとは全然言えません。

文を構成する単位

それでは、日本語の文を作っている単語の並び方を、正確な形で言い表すためにはどうしたらよいのでしょうか。それにはまず、「文」とは何かということを、きちんと定義しておかなければなりません。

それで文とは何かというと、それは「事柄」を伝える単位だとされています。こう言われても、「事柄」とは何かがわからなければ、文とは何かということもわかりません。ですから、文とは何かという問題は、事柄とは何かという問題と同じことになります。事柄を一般的にどう表すかについては、言語学や哲学でいろいろな議論があるのですが、かなり専門的になるので、ここではとりあえず、「イヌがほえている」や「太郎は花子を見た」のような表現が表す内容を事柄だとしておくことにします。こういう事柄がどんな性質のものなのかを表すのが「ほえている」や「見た」のような動詞ですし、その事柄の中では、「イヌ」や「太郎」のようなモノが事柄を実際に行う主体で、「花子」は、何らかの作用を受ける対象を表しています。

ということは、「イヌがほえている」や「太郎は花子を見た」のような表現全体で、一つの文だということになります。つまり、文が事柄を表すのだったら、文には事柄の性質を表す「ほえている」や「見た」のような表現、そして事柄を構成している主体や対象を表す、「イヌ」「太郎」「花子」のような表現が含まれていなければならないわけです。「ほえている」や「見た」は、一般に「述語」と呼ばれ、「イヌ」や「太郎」は「主語」と呼ばれますから、簡単に言えば、文には主語と述語がなければならないということです。ただし、述語が「見た」だと、見られる対象を表す「花子」のような表現、つまり「目的語」も必要になります。

もちろん、「あなたは今日何を食べましたか」と聞かれて、その答えとして「カレーです」のような文を使うこともあります。そして、「カレーです」という言い方で、「私は今日カレーを食べました」という「事柄」を表していることは確かです。こういう例を見ると、文には主語や目的語と述語がいつもなければならないというのは、必ずしも正しいというわけではないような気もします。

とは言え、町を歩いている見知らぬ人にいきなり「カレーです」と言って話しかけたとしても、これで一体何を言いたいのかは、まずわかってはもらえないでしょう。つまり、先ほどの「カレーです」という文は、主語と目的語が何なのかもうわかっているという特別の条件があるときにだけ、きちんとした事柄を表すことができるわけでして、そうでなければ、やはり一人前の文だと見なすことはできないのだと考えられます。

他にも、「早く行け」のような命令を表す文だと、主語を表さないのが普通ですし、「火事だ！」と叫ぶ時に使われる表現も、これだけで文なのだと言えそうですから、文にはいつでも主語（や目的語）と述語があるというのは、やはり適当ではないようにも思われます。

ですが、命令文の場合は、「行け」のような表現を使うことで、「私はあなたに行くように命令する」という事柄が自動的に表されるのですから、主語を必要としないのだと説明できます。それから「火事だ！」という文については、こういう「何とかだ」という形だけで文になれる、特別の場合なのだと考えればよいのではないでしょうか。実際、同じ形で文になれるのは、「泥棒だ！」とか「敵だ！」のような表現に限られるのでして、「窓だ！」「リンゴだ！」「本だ！」などのような、同じ形をしただけの表現だと、先ほどお話しした「カレーです」と同じように、特別の条件がなければ、独立した文として働くことはできません。

ところで、文には「主語」とか「目的語」とか「述語」のような、普通「単語」と呼ばれる単位が含まれていることは、どなたもご承知の通りです。実は「単語」とは何かというのもまたむずかしい問題で、たとえば「た」という「過去の助動詞」を一つの単語だとすると、「見た」は「見」と「た」という二つの単語からできていることになります。すると、「見る」も「見」と「る」という二つの単語からできていると考えるのが適当でしよう。つまり、「る」という、動詞の終止形を表す働きをする単語があると考えるわけですが、「行く」のような別の動詞の終止形には「る」という形は見あたりません。

多分こういう理由で、国文法では、「見る」はこれだけで一つの単語なのだとされています。ですが、「見る」や「着る」から「る」を取り出すことはできるのですから、「る」を助動詞の「た」と同じような一つの単語だと考えてはいけないのだ、という強力な根拠はないように思われます。言語学では、「行く」をikとuに分割して、このuの部分を「る」と同じ働きをする単位だとしているのですが、国文法ではひらがなをそれ以上に分けて考えることはしていないので、あくまでも「行く」は一つの単語なのです。

ただ、もし「る」を一つの単語だとすると、「られる」や「させる」も「られ＋る」「させ＋る」と考えなければならないことになります。動詞や助動詞の活用のしくみを正しく分析しようとすれば、どうしてもこのような細かい単位を設けておく必要があるのですが、文の構造を考えるときにはちょっと面倒くさすぎるので、とりあえずは国語辞典に記載されているように、「見る」も「行く」も「られる」「させる」も、これだけで一つの単語だと見なすことにしておきます。

文の構造を表す

「そのかわいい女の子は小さなイヌと散歩していた」という文を考えてみましょう。この文では、主語は「そのかわいい女の子」、述語は「散歩していた」で、「小さなイヌ」は主語で表されるモノと一緒に動作を行うモノを表しています（「同伴者」とか「随伴者」と呼ばれます）。主語や同伴者を表す表現は、いくつかの単語が集まったものですが、その中心となるのは「女の子」や「イヌ」という名詞です。こういった名詞の前に他の単語が来て、名詞の表す内容をもっとくわしくしているわけですから、「そのかわいい女の子」や「小さなイヌ」を、「女の子」や「イヌ」のように名詞が一つだけの場合と区別するために、「名詞句」と呼ぶことにします。

名詞句が主語だったり同伴者だったりすることを表すのが、「が」や「と」という格助詞です。日本語では、名詞句がどんな働きをしているのかを表すのは、普通は格助詞ですから、「名詞句＋格助詞」という集合体は、文を作る単位としてはとても大切な働きをしています。この単位のことを、聞きなれない用語ですが、「名詞群」と呼ぶことにしましょう（この用語は私が作ったもので、他の文法学者は使っていませんが、今まで不思議なことに名前がなかっただけのことで、こういう働きをする単位があることは、誰にでもわかることです）。

「散歩していた」という述語のほうを単語に分けてみると、「散歩し＋て＋い＋た」になります。ということは、述語もいくつかの単語の集まりだということなわけですから、やっぱり「述語」とはせずに、さっきの「名詞句」の場合と同じように、「述語句」と呼ぶのが適当です。

このように用語を決めると、今考えている文は、次のような構造をもつものとして表すことができます。

文＝名詞群＋名詞群＋述語句

日本語では、述語句は文の一番最後に置かれるのが決まりですから、結局のところ、述語句の前にいくつか名詞群が並んでいるというのが、日本語の文の構造を一般的に表したものだとすればよいことになります。

「名詞群＋名詞群＋……＋述語句」のような構造の表し方は、「文節＋文節＋……」のような表し方に比べると、日本語の文として正しいものがどんなものなのかを、きちんと限定しているという点ですぐれています。

文節という単位ではいけないということをお話しするときに説明したように、文は文節が並んだものなのだ、という考え方では、「知って悲しいあの」のような表現も文だということになってしまいます。ところが、「知って」は述語句、「悲しい」は形容詞、「あの」

は連体詞なのですから、このままだと「述語句＋形容詞＋連体詞」という組み合わせになってしまいます。こういう構造は、名詞群のあとに述語句が来て文ができあがるという考え方では、明らかに、日本語の文がもつはずの正しい構造ではないことになります。こうして、「知って悲しいあの」では、日本語の文としては間違いなのだと、きちんと述べることができるわけです。

文の構造を、このように、文を作っている単位の働きをはっきりと表すような形で示すことで、文だとはとても言えないものを、正しい文とはっきりと区別することができるようになります。そういう意味で、文を文節や連文節の連続としてとらえる国文法の考え方は、文の構造の表し方としては、大いに不十分なのだと考えてよいだろうと思います。

2 「自立語」と「付属語」の区別は何の役に立つのか

問題 次の文の中から、自立語だけでできている文節をあげなさい。

この美しい花もきっといつかは枯れてしまう。

解答　この、美しい、きっと、しまう

国文法の「自立語」と「付属語」

国文法では、単語を自立語と付属語に分類しています。自立語というのは、単独で独立して意味を表し、単独で文節を作ることができる単語のことで、付属語は、単独で文節を作ることができず、自立語のあとについてはじめて文節を作ることができる単語のことだとされています。

もともと文節の定義が、「不自然でないように文を区切った単位」などという、あまりにもぼんやりしたものですから、こういう文節の定義をもとにして自立語と付属語の違いを理解することは、とてもとてもできないことだと思わないではいられません。自立語の定義にある、「単独で独立した意味を表す」という性質で自立語のことを理解しようとしても、「独立した意味」とは一体何なのかが全然はっきりしていないわけで、結局のところはやっぱり、自立語と付属語のどこが違うのかはわかりません。

学校で教わる時には、付属語とは助詞と助動詞だけで、自立語とはそれ以外の単語なのだと覚えておけばいいことになっています。日本語の助詞と助動詞は数が少ないので、そ

れを覚えておきさえすれば、自立語と付属語の区別については、実際のところはあまり苦労せずにやり過ごすことができます。

ですから、最初にあげた問題を解く場合には、問題文を「この—美しい—花も—きっと—いつかは—枯れて—しまう」という文節に分けて、その中から、助詞または助動詞が入っていない文節を選べば正解がわかります。つまり、「この」「美しい」「きっと」「しまう」という文節が正解になるわけです。

問題を解くだけなら、こうやって簡単にできます。ですが、ここで考えてみなければならないのは、自立語と付属語の区別が、日本語の文法を知る上で、そもそも何の役に立つのかということです。

国文法の範囲内だと、文の中にどんな文節があるのかを知るためには、自立語と付属語の区別がわかっておく必要があります。ですが、前の節でもお話ししたように、文がどんな文節からできているかがわかったからといって、文の構造が明らかになるわけでもないし、構造が明らかにならないのであれば、文全体の意味を理解することに役立つこともありません。

ということは、自立語と付属語の区別は、単語を、まったく厳密とは言えない基準を使って、ただ分類しただけのものだということになってしまいます。単語の分類というのは、文法全体に密接に関係してくるのですから、適当に分類しただけというのでは、一体何のためにやっているのか理解に苦しむところです。

事柄の中で単語がもつ働き

それでは、自立語と付属語の区別はホントに何の役にも立たないのかというと、実はそうでもありません。こういう区別をどうすれば役に立つものにすることができるのかを、これから考えてみることにしましょう。

文が表すのは事柄ですが、事柄というのは、述語が表す事柄の枠組みの中に、名詞が表すモノを組み入れたものなのだと考えることができます。たとえば、「男が花を見た」という文だと、述語は動詞の「見る」ですから、これが事柄の枠組みを作っています。事柄の枠組みの中には、モノを見る「主体」と、見られる「対象」が必ず含まれています。この枠組みを、次のような形で表すことにします。

見る［主体＝X、対象＝Y］

XとかYとか、何か数式に使うような記号が出てきますが、これは、まあいろいろなモ

／を表すのだと考えておいて下さい。

それからまた、事柄には「いつ」起きたのかという時間的な性質もあります。ですから、これに事柄が起きた時点を含めて表すと、次のようになります。

見る〈時点〉［主体＝X、対象＝Y］

他にも事柄を作っている要素はいくつかあるのですが、全部表すと話が複雑になりますので、とりあえずはこれだけで済ませておくことにしましょう。

この事柄の枠組みに入れるためのX、Yを表しているのが、「男」と「花」という名詞です。「男」には格助詞の「が」が続いていますから、これが主体だということがわかりますし、「花」には格助詞の「を」が続いていますから、これが対象だということがわかります。また、「見」のあとに「た」という助動詞が続いていて、「た」は事柄が起きた時点が「過去」だということを表しています。

今あげた内容を枠組みの中に入れ込んで、文が表す事柄を完成させると次のようになります。

見る〈過去〉［主体＝男、対象＝花］

さて、このようにして表された事柄の中で、その事柄を別の事柄とはっきりと区別するために大切な働きをしているのは、「見る」「男」「花」です。述語の「見る」が、事柄の枠組み、つまり一番基本的な性質を表すわけですし、その枠組みを作っているモノが何なのかを表しているのが、「男」と「花」です。

一方で、格助詞の「が」と「を」は、モノが主体だったり対象だったりすることを表すだけです。主体や対象になれるモノは、それこそ数限りなくあるわけですし、事柄の中に主体や対象があるのは当たり前ですから、「が」や「を」だけでは、事柄の性質をはっきりと区別することはできません。それから、事柄が過去に起こったことを表すのが助動詞の「た」なのですが、事柄というのは、基本的には現在か過去か未来のどれかの時点で起こるに決まっていますから、この三つの時点のどれかで事柄が起こることがわかったからといって、やっぱり事柄の性質が他の事柄とはっきり区別される度合いは小さいと言えます。

このように、事柄の性質を、他の事柄とはっきりと区別するために役に立つかどうかという基準で、単語を二つの種類に分類することはできます。事柄の性質をはっきり区別するために役立つ単語は、普通「内容語」と呼ばれます。一方、事柄の性質を区別させるためにはあまり役立たず、名詞が表すモノの働きを表したり、事柄がいつ起こったのかを表すだけの働きしかしない単語は、「機能語」と呼ばれます。「機能語」という名前は、ちょっと堅苦しい感じもしますが、モノの働きとか事柄が起こる時点を表すことが、一般に文法的な「機能」の一つだと言われていて、そういう機能をもつという意味なのだと考えて下さい。

自立語と付属語の区別は適切か

単語を内容語と機能語に分類するのは、自立語と付属語に分類するのと同じようにも思えるかもしれません。ですが、内容語と機能語は、分類の基準も目的もきちんと決まっていますから、自立語と付属語の分類よりもずっと役に立つ分類だと言えます。

それでは、自立語と付属語という分類と、内容語と機能語という分類のどこが違うのかを見てみましょう。まず、付属語の助詞と助動詞は、いちいち検討することはしませんが、名詞の働きを表したり、事柄の起こる時点などを表したりするわけですから、機能語の仲間だと考えていいでしょう。それでは自立語が全部内容語なのかというと、どうもそうではなくて、自立語の中にも、事柄の性質をはっきり区別する働きをしないものがたくさんありそうに思われます。

まず問題なのは、「〜ている」「〜てしまう」「〜てくる」などの中で使われる、「いる」「しまう」「くる」などの単語です。こういう単語は、国文法では「補助動詞」とか「形式動詞」などと呼ばれていて、普通の動詞と区別されてはいますが、あくまでも動詞の一種として扱われ、単独で文節を作ることができる自立語だとされています。

ですが、「〜ている」の「いる」は、動詞として使われる場合のように、モノが存在しているということを表しているわけではありません。この単語は、事柄が現在の時点で継続していることを表しているだけです。

事柄が現在の時点で継続していることを表すのは、事柄が過去の時点で起こったことを表す助動詞の「た」がもっている働きと、本質的には変わりがありません。ということは、この「いる」の働きは、文法的な「機能」なのだと考えるべきなのでして、そうすると、補助動詞の「いる」は、機能語の仲間に入れたほうがよさそうです。もし機能語と付属語が同じ分類を表すのだとしたら、補助動詞の「いる」は付属語に含めなければならないことになるでしょう。

ところで、「いる」が表す現在の時点での「継続」というのは、もっと正確に言うと、事柄がまだ全体として成立していないということです。たとえば、「ネコが鳴く」という事柄があるとして、この事柄の全体が起こるためには、どんなにそのネコが急いで鳴いたとしても（「ニャ」という感じでしょうか。ただ、ネコは普通「ニャー」と鳴くものです。これだともう少し時間がかかります）、必ずある程度の時間がかかります。

ところが、現在というのは瞬間なのでして、時間的には長さがありません。ですから、現在という瞬間に、この事柄の全体が起こるということは、どうやってもありえないわけでして、起こるのはその一部分だけです。というわけで、このような、事柄の部分が現在の時点で成立していることを表すのが、「いる」という単語なのだということになります。

一般に、事柄の全体や部分とか、事柄の始まりや終わりといった、事柄の何らかの「局面」のことを「アスペクト」と呼んでいます。アスペクトという用語は、多分あまりなじみのないものではないかと思いますが、日本語の「〜ている」や「〜ていた」とか、英語の進行形で表される継続の意味が、アスペクトの代表的な例だと考えておいてください。

アスペクトが事柄の局面を表すものだとすれば、事柄が成立する時点と同じように、どんな事柄にも局面はあるわけですから、言い換えれば、どんな事柄にも何らかのアスペクトがあるのだということになります。ということは、アスペクトは、事柄を他の事柄とはっきり区別することには関わってこないわけです。ですからやはり、補助動詞「いる」が表しているアスペクトという性質も、文法的な機能だということになって、「いる」を機能語の仲間だとするのが、なおさら適当だということになるでしょう。

「いる」以外の、「〜てしまう」の「しまう」、「〜てくる」の「くる」などのような補助動詞についても同じように、それぞれ性質は少しずつ違いますが、事柄の局面を表す働きをもっていると考えることができます。ですから、こういった補助動詞も、やはり機能語に分類するほうがいいと思われます。

少なくとも、「しまう」「くる（来る）」などが普通の動詞として働く場合には、「服をタンスにしまう」とか「バスが来る」のように、事柄の枠組みを作る働きをしているわけですから、補助動詞の場合とは全然違う働きをしています。このことから、補助動詞の「しまう」とか「くる」を、自立語の中に含めるのは適当とは言えません。

「いる」「しまう」「くる」のような、もともとは動詞、つまり自立語だったはずの単語を、自立語ではないとするのはおかしいんじゃないかと思う人もいるかもしれません。ですが、英語でも、現在完了に用いられるhaveや進行形に用いられるbeは、もともとは「もっている」「存在する」という意味を表す普通の動詞なのでして、こういう単語が時制やアスペクトを表す助動詞として用いられるようになったわけです。そして英語の文法では、助動詞は立派な機能語として分類されているのでして、となると、haveもbeも、どういう働きをするかによって、内容語になることもあれば、機能語になる場合もあるのだということになります。

「連体詞」は自立語か

補助動詞以外にも、「この」「その」「あの」のような、名詞が表すモノが、話し手のなわばりにあるのか、聞き手のなわばりにあるのか、それともそのどちらでもないのかを表す単語があります。こういう単語は、国文法では、形容詞と同じように名詞を修飾する働きをしていても、形容詞と違って活用をしないということで、「大きな」とか「いわゆる」などと一緒に、「連体詞」という品詞に含められています。

「大きな」という連体詞ならば、「大きい」という形容詞と働きは同じで、名詞が表すモノを「大きさ」という尺度によって限定する働きをしています。そして、モノを限定するための尺度は、「大きさ」だけでなく、「高さ」「広さ」「美しさ」「立派さ」など、結構な数のものがあります。名詞が表すモノは、事柄の中では大切な要素であって、その大切な要素を他の同じようなモノと区別するのですから、「大きな」のような連体詞も、事柄を区別するためには大切な働きをしているのだと言えます。ですから、こういった単語を内容語あるいは自立語だとしても問題はないでしょう。

ところが、「この」「その」「あの」だと、モノの性質をたった三つの種類に区分けするだけなのでして、同じような性質をもつモノの限定の仕方は他にはありません。ということは、あるモノを他のモノから区別する程度がずいぶんと小さいということでして、こういう単語を、「大きな」のような連体詞と同じ種類のものだとするのは、あまり適当だとは言えません。

現代日本語の文法では、「この」「その」「あの」のような単語を「指示詞」と呼んで、連体詞とは別の品詞なのだとしています。多分こういうふうに分類するほうがよさそうで、モノを限定する度合いが、「大きな」と「この」「その」「あの」ではひどく違うのですから、「大きな」も「この」「その」「あの」も一緒くたに連体詞という品詞にひっくるめて、連体詞はすべて自立語なのだとしている国文法の分類には、疑問が残ります。

国文法で教えられる自立語と付属語という単語の分類は、ある事柄を別の事柄とはっきりと区別するかどうかという、客観的な基準を使って行われたものではなく、どう考えても性質のあやふやな「文節」という単位を作るかどうかという基準をもとにしたものにすぎません。ですから、ある単語が自立語か付属語かということがわかったとしても、それで、単語の性質について何がわかったのかと聞かれて、納得できるように答えることはむずかしいのではないかと思います。

第二章

動詞を見れば文の性質がわかる

1　「未然形」や「連用形」という名前はこれでいいのか

問題　次のうちから、活用の種類が異なる動詞を選びなさい。

折る　凝る　去る　照る　煮る　漏る

解答　**煮る**

五段活用と一段活用

日本語の動詞は、あとにどんな単語が来るのかによって形が変わるという性質をもっていて、これを「活用」と呼びます。活用の種類は、大きく分けて二つあり、「五段活用」と「一段活用」です。

「一段活用」のほうは、「見る」「起きる」「見える」「消える」のように、終止形が必ず「る」で終わっています。一方、「五段活用」のほうは、「会う」「書く」「話す」「勝つ」「死ぬ」「混む」「取る」のように、終止形が「ウ段」で終わっています。「る」もウ段ですから、日本語の動詞は、どれも終止形がウ段で終わるということです。

終止形が「る」以外のウ段で終わる動詞は、すべて五段活用なのですから簡単ですが、終止形が「る」で終わる動詞には、一段活用と五段活用の両方があります。こういう動詞がどちらの活用なのかは、終止形を見ただけではわからないのですが、日本語の話者には、活用を見分けるのは別にむずかしいことではありません。「ない」か「ます」を続けて、未然形か連用形を作ってみて、「取らない」「取ります」のように、「ない」「ます」の前に「ら」「り」が出てくるのが五段活用であり、「見ない」「見ます」のように「ら」も「り」も出てこないのが一段活用なのです。

問題に与えられた動詞のうち、「折る」「凝る」「去る」「照る」「漏る」は、「折らない、折ります」「凝らない、凝ります」「去らない、去ります」「照らない、照ります」「漏らない、漏ります」のように「ら」「り」が出てきますが、「煮る」だけは「煮ない、煮ます」のように「ら」「り」が出てこないので、最初の「折る」などが五段活用、「煮る」だけが一段活用だということがわかります。

「語幹」の違い

国文法で教わるのは、動詞の活用に一一種類があること（「する」という「サ行変格活用」の動詞、「来る」という「カ行変格活用」の動詞もありますが、例外ですから、ここでは考えないことにしましょう）と、「未然形」「連用形」「終止形」などの活用形があるのだ、ということだけです。

　それはそれで、日本語の動詞の性質として大切なことだとは思います。ですが、これだけでは、たとえば、終止形が同じように「る」で終わっているのに、五段活用と一段活用の二種類の動詞があるのはどうしてなのだろうか、という疑問をもつ生徒がいたとして、その疑問にわかりやすく答えることはできません。

　それはなぜかというと、国文法では、日本語の活用というのが、そもそもどういう性質のものなのかをきちんと教えることがないからです。活用の性質を知るためには、活用というのが、すべての活用形を通じて変わらない部分と、活用形によって違ってくる部分の二つに分かれるということを、きちんと理解することが必要なのです。

　たとえば、五段活用の「折る」であれば、「折ら（ない）、折り（ます）、折る、折れ（ば）、折れ、折ろ（う）」のように活用するわけですが、これを発音記号（ローマ字で書くのと同じです）で表してみると、「ora, ori, oru, ore, ore, oro」となって、活用形を通じて変わらない部分は or までだということがわかります。

　一方「煮る」だと、「煮（ない）、煮（ます）、煮る、煮れ（ば）、煮ろ、煮（よう）」のように活用するので、活用形を通じて変わらない部分は、「煮」（ni）になります。活用形を通じて変わらない部分を、専門用語では「語幹」と呼びます。そして、活用形によって違う部分は「語尾」と呼ばれています。

日本語の五段活用の動詞は語幹がrのような子音で終わり、一段活用の動詞は語幹がiのような母音で終わっています。一段活用の動詞としては、他に「見える」(mie-ru) のように、語幹がeという母音で終わるものもあります。

日本語というのは、普通は「ひらがな」だけで何でも書き表すことができるコトバですから、子音とか母音のように、ローマ字（くどいようですが、正確には発音記号です）を使わないと現れてこないものを問題にするのは、ちょっとわかりにくいかもしれません。ですが、活用のしくみを見ようとする時には、どうしても子音で終わる単位というものを考えなければならないので、ちょっと我慢してください。

さて、語幹を問題にするなら、「折る」は、orという語幹にuという語尾がついていて、「煮る」はniという語幹にruという語尾がついている語形だということになります。「折る」の語幹は、orのように子音で終わっているわけですが、日本語の単語は、英語などと違って、rのような子音で終わってしまうことはないので、活用形としてはaやiのような母音をあとに続けなければなりません。その結果、「折ら」や「折り」のように活用形に「ら」や「り」が現れるわけです。

ところが、「煮る」だと、語幹はiという母音で終わるわけでして、母音で終わっていれば、それだけで独立した活用形になることができます。ですから、このあとにまたaとかiのような母音を続ける必要がなく、「煮」(ni)のままでよいということです。

二種類の活用がある理由

五段活用、一段活用と、活用の種類が二種類もあるのは、ちょっと面倒くさいような気がしないでもありません。ですが、orという語幹にiやeをつけて新しい語幹を作れば、「降りる」「折れる」のような別の動詞を作ることができて、わりと簡単にいろいろな動詞を作ることができそうです。

そして特に、「折る」と「折れる」のようなペアでは、「折る」が意志的に行われる動作を表すのに対し、「折れる」のほうは、自然に起こる受動的な動作を表しています。このような例は他にも、「見る」と「見える」とか「取る」と「取れる」など、たくさんあります。つまり、基本的には似たような事柄を表しながらも、意志的か受動的かという点で性質が違う動作を、語幹が母音で終わるかどうかという簡単な方法で、表し分けることができるわけです。もしこういう方法がなかったとしたら、「折れる」のような意味は、「折る」とは形が似ていない、たとえば「める」とか「せる」のような動詞を作って表すことになってしまいます。

　そうなると、表す意味が似ていても、語形にはそれほど関連がない単語の数が増えてしまうことになり、単語の数はただでさえ多いのに、わざわざ覚えなければならない単語がもっと多くなってしまいます。ところが、人間というのは、覚えられる単語の数はそれほど多くありません。これは、普通の国語辞典でさえ五万くらいの数の単語しか載っていないのに、それを全部覚えている人はまずいませんし、英単語を、たった二千語くらい覚えるのにもずいぶんと苦労をするようなことからも、よくおわかりになるでしょう。

　ですから、日本語の活用に二種類あるのは、用もないのにわざわざ活用を複雑にしているなどということでは、決してないのだろうと思います。意味が似ているけれども違う動詞の語形を似せるということで、どちらかと言えば効率的に単語を覚えられるようなしくみが、二種類の活用があることによって日本語にもたらされているのではないでしょうか。

国文法の活用形

　さて国文法の活用については、もう一つの問題点があります。それは、活用形の種類と名前の問題です。国文法では、活用形の種類に、「未然形」「連用形」「終止形」「連体形」

「仮定形」「命令形」の六つがあるとされています。「折る」であれば、「折ら」と「折ろ」が未然形、「折り」と「折っ」（「た」や「て」が続く形）が連用形、「折る」が終止形と連体形、「折れ」が仮定形と命令形です。

異なった活用形に異なった名前をつけるのは、活用形を区別するためには必要なことです。ところが国文法では、「折ら」と「折ろ」が両方とも「未然形」ですし、「折り」と「折っ」が、やはり両方とも「連用形」になっています。つまり、活用形が違うのに、同じ名前がついているわけです。一方で、同じ「折る」なのに、「終止形」と「連体形」という二つの違った名前がついているのもありますし、「折れ」についても「仮定形」と「命令形」という、やはり二つの名前がついています。

学校で国文法を教わる時には、「折らない、折ろう、折ります、折る、折るとき、折れば、折れ」のように活用させて、どの活用形がどの名前なのかを覚えろ、などと言われるだけです。異なった活用形なのに同じ一つの名前がついていたり、逆に同じ活用形なのに違った名前がついたりすることがあるのはどうしてなのか、などという疑問にはまず答えてもらえません。

こういう教え方では、日本語の動詞が活用する本当のしくみを正しく教えたことにならないのは当たり前です。結局覚えるのは、動詞が活用することと、活用の種類に二種類があることぐらいになってしまいます。

連体形と終止形は分けるべきか

まず、「折る」という同じ形に終止形と連体形という二つの名前がついていることですが、これについては、やっぱり二つの名前を区別しておいたほうがいいように思われます。

日本語の動詞がどうしてこんなに活用するのかについては、また後ほどくわしく説明しますが、動詞が活用することで、あとにどんな種類の単語が来るのかを、ある程度予測させて、理解の効率が高まるという利点があります。あとに来る単語がどんなものなのかがあらかじめ少しでもわかっていれば、それに応じて頭の中でも、文が表す意味の輪郭を、もっとはっきりした形で作り上げておくことができるからです。

終止形だったら、もうそこで文が終わるのだろうな、と予測できますし、連体形であれば、「折り紙を折る人」の場合のように、あとに名詞が続くことを予測させることができます。

ですから、終止形と連体形というのは、形が違っていたほうが、ホントのところは、文の意味を理解する過程がもっと効率よくなるはずなのです。実際、「静かだ」のような形容動詞だと、連体形は「静かな」でして、終止形と連体形の形がちゃんと違っています。

それに古語だと、「死ぬ」(終止形)と「死ぬる」(連体形)、「受く」(終止形)と「受くる」(連体形)、「あり」(終止形)と「ある」(連体形)のように、終止形と連体形が違う動詞はたくさんありました。

ところが、現代日本語の動詞では、終止形と連体形が同じになってしまっています。ですが、形が同じだとは言っても、終止形と連体形では、やっぱり働きが違うわけです。

終止形というのは、そこで文が終わるのだ、ということを表すのが一番の働きですが、あとに終助詞や接続助詞(「から」「ので」「けれども」など)が来ることもあります。ただ、あとに助詞が来る場合でも、文全体が基本的にどんな事柄を表しているのかは、動詞の終止形を聞いた時点でわかります。

たとえば、「子供が泣いているので、お菓子をあげた」という文では、「ので」の前で、「子供が泣いている」という事柄については、その内容が全部わかっています。「ので」が表しているのは、その事柄が、別の事柄が起きる理由なのだということだけです。

一方で連体形だと、「泣いている子供」の場合のように、動詞が、あとに来る「子供」を修飾する関係節(形容詞節、連体修飾節)として働いています。英語であれば、関係代名詞を使うか(a child who is crying)、現在分詞(a crying child)を使って表されるような働きです。ですから連体形だけでは、文全体がどんな意味を表すのかは、まだ全然わかりません。

というわけで、終止形と連体形の形が同じだとは言っても、働きはずいぶん違っています。それに、動詞ではないけれども、動詞と同じく活用する形容動詞だと、二つの活用形の形が違っているということもあります。ですから、こういう働きの違いをきちんと表すためにも、終止形と連体形を区別することは必要だと思います。

「連体形」の説明には問題がある

終止形と連体形の区別はいいのですが、国文法で教えられている、連体形についての説明が気になります。国文法では、連体形は「『こと』『とき』『もの』などの体言に続く形」だとされています。「体言」というのは、名詞や代名詞を指す用語ですが、代名詞も名詞の一種ですから、ここでは体言と名詞を同じものだと考えておきます。

確かに、「こと」などの単語は、一応は名詞です。ですが、「私は太郎が来ることを知っている」のような文で使われている「こと」は、もともとは名詞だとはいっても、「太郎が来る」という文を「知っている」の目的語にするという働きをしているだけです。これだと、ほとんど格助詞の「の」、英語で言えば接続詞の that (I know that Taro will come. の that) と同じ働きでして、こういうのを普通の名詞と一緒にしていいんだろうかと思ってしまいます。

形容動詞だと、「私は太郎が頑固なことを知っている」のように、「頑固な」という形になりますから、「こと」の前に来るのは、ちゃんとした連体形です。ですが考えてみると、形容動詞の連体形の典型的な働きというのは、「頑固な男」のように、どこから見ても立派な名詞があとに来る場合に見られるもののはずです。

動詞の連体形でも、「これから来る人」とか「その作家が書く小説」のように、あとに普通の名詞が来る場合がいくらでもあるわけですから、こういう、名詞を修飾する働きのほうが、連体形の中心的な用法なのだと考えたほうがよさそうです。先述の「太郎が来ること」の「来る」だと、別に「こと」を修飾しているというわけではありませんから、どちらかと言えばこの「来る」は、終止形とあまり違わない働きをしているとも言えます。

というわけで、国文法でなされている連体形の説明は、終止形と似たような働きをするものを、連体形の典型的な用法として理解させようとしているとしか考えられません。ちゃんとした普通の名詞の前に来てその名詞を修飾するという、連体形の一番大切な働きを無視した連体形の説明は、大いに不十分なのではないでしょうか。

ところで、外国人向けの日本語教育で使われる文法では、連体形と終止形を、形が同じだという理由で、一つの「辞書形」という名前に統一しています。活用形の名前に「辞書」などという用語が出てくるのは、他の活用形の名前からすると、ちょっと場違いな感じもします。それに、辞書が終止形または連体形の形を動詞の項目としてあげているのは、どうしてもそうしなければ困るということでもなくて、昔からの習慣にすぎないようです（ラテン語とかギリシア語の辞書では、動詞は「私は〜する」という直説法一人称単数現在形を項目としてあげる習慣になっていて、現代ヨーロッパ語の辞書のように、〔原形〕不定詞の形は使われません）。

まあとにかく、連体形と終止形を区別しないのだ、という立場もないわけではありません。先ほどお話ししたように、「太郎が来ること」の「来る」の場合だと、終止形と区別しなくても構わないような気もします。

ですが、「太郎は列車に乗ります」「太郎は列車に乗りますよね」とは言えても、「太郎が乗ります列車」「太郎が乗りますよね列車」とは言えません。つまり、終止形だと言えるけれども連体形だと言えない例が、いくらもあるということなわけでして、やっぱり連体形と終止形は、違った働きをする別の活用形だと考えるのがいいのではないかと思います。

「未然形」という名前は適切か

仮定形と命令形については、仮定形の後ろには接続助詞の「ば」がいつも来ますし、命令形だとそれだけで命令の意味を表すというように、全然違った働きをしています。それに、一段活用の動詞では「見れ（ば）」と「見ろ」、「変えれ（ば）」と「変えろ」のように、仮定形と命令形の形が違うわけですから、異なった活用形として認めるのが当然でしょう。

それでは、未然形はどうでしょうか。未然形としては、「折ら」と「折ろ」のような、二つの異なった形があります。「折ら」のあとに来る単語は、否定の助動詞「ない」、使役の助動詞「（さ）せる」、受け身とか自発などの助動詞「（ら）れる」です（否定を表す、ちょっと古めかしい助動詞の「ず」が続くこともありますが）。そして、「折ろ」のあとに来る単語は、推量とか意志を表す助動詞の「う」だけです。ということは、「折ら」と「折ろ」のあとに来る単語はそれぞれ違うのだし、働きもはっきり区別されるということです。「折ら」と「折ろ」のあとに同じ単語が来ることもあったりしたら、同じ活用形だとしてもいいかもしれませんが、全然違う単語が続くわけなのですから、「折ら」と「折ろ」は異なった活用形なのだと考えたほうが、ずっと合理的なように思われます。

実際、日本語教育の文法では、「折ら」のような形を「否定形」、「折ろ」のような形を

「意向形」として区別しています（正確に言えば、日本語教育では、「折らない」「折ろう」を、全体として「否定形」「意向形」という活用形にしています）。

国文法で、「折ら」と「折ろ」のような違った形が、同じ「未然形」だとされているのはどうしてかというと、古語ではどちらも「折ら」という形だったからです。そして、あとには、否定の助動詞「ず」と、推量の助動詞で、現代語の「う」に変化した「む」が続いていました。「折らむ」という形のほうは、のちに「折らう」になり、発音が変化して「折ろう」になったわけです。

要するに国文法では、「折ら」も「折ろ」も、古語では同じ未然形だったのだから、現代語でも未然形にしておこうじゃないか、と考えられたのでしょう。伝統的な「国語学」では、どっちかというと古語の研究のほうが重視されていましたから、古語の文法とのつながりを大切にしようという態度も、そういう雰囲気では無理もないかなというところです。

とは言っても、現代語と古語は、同じ日本語でもずいぶん違ったコトバなのは確かです。私たちは、特別の勉強をしなければ、古語で書かれた文章を正しく理解することはとてもできません。ですから、現代語の活用形は、現代語のことだけをちゃんと分析した結果、うまく説明できるような形で設定するのが、文法のあり方としてはいいのではないでしょうか。

古語と同じ活用形のしくみにしておけば、確かに、学校で教わる古典を理解するために、いくらか助けになるでしょう。『源氏物語』とか『平家物語』などの古典がちゃんと読めてこその国語教育なのだ、とする立場からは、そちらのほうが望ましいとも言えるかもしれません。

ですが、現代の国語教育の重点は、自分が使っている日本語で、どうやったら自分の考えを論理的に表現して、うまく相手を納得させられるのかを学習する方向に向かっているわけです。そのような時代に、古語のほうにばかり目を向けた文法を押しつけることは、残念ながら、時代の風潮に合っているとは言えないように思います。

「連用形」には「用言」以外も接続する

連用形については、未然形とは少し事情が違います。「折り」のような形のあとに来る単語はたくさんあって、助動詞の「ます」「そうだ」「たい」「たがる」、接続助詞の「ながら」「つつ」、補助動詞の「始める」「終わる」「かける」「きる」などがありますし、「折り返す」「折り込む」のように、他の動詞を続けて複合動詞を作る時にも「折り」のような形が用いられます。

「折っ」のような形だと、助動詞の「た」、接続助詞の「て」「ても」「たり」が続くほか、「ている」「てある」「てしまう」「ておく」「てくる」「ていく」などのアスペクトを表す表現も、すべて「折っ」のあとに続くようになっています。

要するに、「折り」「折っ」のような形の後ろに来る単語には、いろんな働きをもつさまざまの種類のものがあるわけで、「折り」とか「折っ」だけでは、あとに続く単語がどんな性質をもつものなのかは、全然予測がつきません。それに、「話す」「移す」のようなサ行五段活用の動詞については、「話します」「話した」のように、「ます」などが続こうが、「た」などが続こうが、形に変わりはありませんし、一段活用の動詞でも、「見ます」「見た」「変えます」「変えた」のように、やはり同じ形が用いられます。

このような事実を考えると、「折り」と「折っ」のような違った形だったとしても、同じ一つの活用形なのだと考えて、それほど問題はなさそうです。ただし、「連用形」という名前だと、あとに「用言」つまり動詞や形容詞・形容動詞が来る活用形なのだという印象を与えてしまいます。

ところが、連用形のあとに動詞が来る例は、「折りたたむ」とか「話し合う」のような複合動詞の場合以外にはほとんどありません。それに、「折り大きい」とか「話し静かだ」などの言い方はしないのですから（「話し上手だ」という言い方はありますが、この場合の「話し」

は動詞から来た名詞だと考えたほうがよさそうです)、連用形のあとに形容詞とか形容動詞が来ることはありません。ということは、連用形の後ろに来る単語としては、用言以外のもののほうがずっと多いということです。となるとやはり、「連用形」という名前はあまり適当ではなくて、「接続形」とか「連続形」のような、あとに来る単語にはいろんな種類のものがあるのだ、ということを思わせる名前のほうがいいのではないでしょうか。

活用はどうしてあるのか

ところで、日本語の動詞はどうしてこんな活用をするのでしょうか。中国語とかベトナム語のような言語だと、動詞は全然活用しませんし、英語の動詞も、たとえばcomeだったら、comesとかcameのような活用形があるぐらいで、それほど活用するとも言えません。

日本語の動詞も、仮に活用などしなくて、「走るない」とか「走るます」のような言い方をしたとしても、特に意味がわからなくなることはないようにも思われます。ですが、「走る」ではなく「走ら」とか「走り」だとすると、文がそこで終わるのではなくて、あとには名詞以外の単語が来るのだということが、この活用形を聞いた段階でわかります。そして特に「走ら」だと、あとに来るのは「ない」が一番多くて、それ以外には「せる」

（使役の助動詞）と「れる」（受け身や自発の助動詞）だけですから、「走ら」だけでも、かなりの程度は、この動詞が表そうとしている事柄の性質についての予測ができます。

それに、日本語の動詞というのは、「走らされかけていたようだった」のように、動詞のあとにいくつもの単語が続いて、ずいぶんと長くなれるという性質があります。こういうふうに、単語がずらずらと並んで長い語句を作ることができるような言語を「膠着語」と呼びます（「膠着」とは「糊でくっつける」という意味です）。

こういう膠着的な特徴をもっている言語の場合、今あげたような例で活用がなかったとすると、「走るされるられるかけるようだた」のような形になってしまいます。これだと、「走る」で終わったかと思うと次に「される」が来て、ここで終わったかと思えばまた次に「られる」が来るという具合に、これを聞いている人は、ある段階で自分が理解していた意味を、次の単語が来た段階でまた修正しなければならないことになります。

日本語では、動詞などの述語は文の最後に置かれますから、述語を聞いてやっと、文全体がどんな意味を表すのかがわかるというしくみになっています。ですから、今お話しした例のように活用がなかったとすると、それまでの部分を聞いて頭の中で形作っていた文の意味を、次々に変えていかなければならないことになって、頭が混乱してしまい、意味の理解がひどく非効率になりそうです。

もちろん、この考えでうまく説明できるかどうかは、これからまだくわしい検討をしなければならないのですが、多分日本語の動詞などが活用するのは、文の意味を効率的に理解することをうまく実現するための一つの手段なのではないかと思います。

また古語を見てみると、接続助詞の「ば」は未然形と已然形の両方に接続しますが、「走らば」のような未然形に接続する場合だと、「もし走ったら」という仮定の意味だし、「走れば」のような已然形に接続する場合だと、「走るので」という理由の意味になります（「確定条件」などと呼ばれます）。

仮定というのは、事柄がまだ実現していないということを意味しますし、理由であれば事柄が実現していることを意味するのですから、活用形によって、事柄の性質についてのある程度の情報が与えられていることになるわけです。つまりここでは、活用形があとに何らかの単語が来ることを予測させるだけではなくて、さらに、事柄が全体としてどのようになっているのかまでも表しているということです。ですから、こういう例を見ると、活用形が、文が表す事柄を理解する過程の効率性を高める働きをしているのではないかと考えられるわけです。

人間がコトバを聞いて、その内容を理解するときには、文を作っている単語を次々と頭の中に入れていきます。そしてその際には、頭の中に入れた単語が、どんな品詞に属していて、その意味がどんなものなのかを判断したり、それまでに聞いたいくつかの単語が、どんな構造を作っているのかを決めなければなりません。

こういう理解の過程はずいぶんと複雑なもので、人間の脳は次々に大量の処理を、しかもすばやく行っているのだろうと考えられます（現在の高性能のコンピュータでも、これほど大量で高速の処理はできないようです）。ですから、文が表す事柄を理解しようとする時には、できるだけ効率的に処理できたほうが、脳が、意味とか構造とかの、いろいろな情報を処理する場合に負担が軽くなるのは間違いないことだと思います。日本語のような膠着語で、動詞の活用という手段が選ばれたのも、文の意味を理解するときに、効率性が高まるようにするためなのではないだろうかと思われるわけです。

2　自動詞と他動詞の区別はよくわからない

問題　次の各動詞を、自動詞か他動詞に分けなさい。

（1）閉じる　（2）浮かぶ　（3）沈める　（4）勝つ　（5）負かす　（6）似る

（7）続ける　（8）並ぶ　（9）輝く　（10）建てる　（11）読む　（12）走る

解答　（1）他動詞　（2）自動詞　（3）他動詞　（4）自動詞　（5）他動詞　（6）自動詞　（7）他動詞　（8）自動詞　（9）自動詞　（10）他動詞　（11）他動詞　（12）自動詞

自動詞と他動詞はどのようにして区別するか

国文法だけでなく、一般の日本語文法でも、動詞の最も重要な分類として、「自動詞」と「他動詞」の区別があります。自動詞と他動詞の区別は、一般的には、自動詞が目的語をとらないのに、他動詞は目的語をとるということです。日本語だと、目的語は格助詞の「を」で表されることになっていますから、国文法では、「～を～する」のような言い方ができる動詞は他動詞で、そうでなければ自動詞だということになっています。

日本語の自動詞と他動詞の区別は、これだけの基準だとすごく簡単なわけです。ですから最初にあげた問題を解くだけなら、日本語が正しく使える人にはすぐにできます。

「～を閉じる」「～に浮かぶ」「～を沈める」「～に勝つ」「～を負かす」「～に似る」「～を続ける」「～に並ぶ」「～を建てる」「～を読む」のように言いますから、「浮かぶ」「勝つ」「似る」「並ぶ」は自動詞、「閉じる」「沈める」「負かす」「続ける」「建てる」「読む」は他動詞だということになります。

「輝く」は、普通は主語だけが必要で、あとに「を」のついた名詞が続くことはありませんから、自動詞に分類されます。また、「走る」は、「廊下を走る」のように、あとに「を」のついた名詞が来ることはできます。ですが、この場合の「を」は、動作を受ける対象を表しているのではなくて、動作が行われる場所を表しているわけですから、「廊下」は目的語だとはされません。

実際、もし普通の目的語だったら、「ドアが閉じられる」とか「船が沈められる」のように、目的語を主語に変えた受動態が作れるはずですが、「廊下が走られる」のような言い方はできませんから、やはり「廊下」を目的語だとすることはできません。というわけで、「走る」は自動詞に分類されるわけです。

自動詞と他動詞の分類はどこが問題か

国文法では、「名詞＋を」を伴う動詞を他動詞とし、他のすべての動詞を自動詞としているのですが、実はこれだけだと、何のために動詞を二つに分類するのかがよく説明できません。分類というのは、前にもお話ししたように、そういう分類をすることで、他のいろいろな事実をうまく説明するのに役立つからこそ、やる意味があるのでして、そうでなければ、分類したいからやっただけ、ということになってしまいます。

大体、日本語は英語などと違って、動詞の前にある名詞が主語で、動詞の後ろにある名詞が目的語だ、といった具合に、動詞との位置関係で主語と目的語を区別するようにはなっていません。ですから、「名詞＋を」を伴う動詞が使われているからといって、こういう名詞群（「名詞句＋格助詞」のことを、本書ではこう呼ぶことにしておきました）を伴わない言い方が、間違っているということにはなりません。

たとえば、「私がぶった」という文は、普通だとこれだけではちょっと足りない感じがしますが、「誰がそのイヌをぶったの?」という疑問に答える文として使われるのなら、決して間違いとはいえず、むしろ普通の文です。

これが英語だと、たとえWho hit the dog? という疑問に答える文だったとしても、I hit it. のように、必ず目的語がいるのでして、I hit. という目的語のない文は、間違った文になります。

日本語では、主語以外の名詞群を伴う必要のない、「泣く」「折れる」「泳げる」のような動詞はもちろんのこと、「名詞＋に」「名詞＋と」などの名詞群と一緒に使われるような動詞も、条件さえ整っていれば、「私たちのチームが勝った」「そのチームは戦った」など、「に」や「と」を伴う名詞群がなくても、十分に受け入れられるものとなります。

つまりどういうことかというと、「名詞＋を」と一緒に使われる動詞だけが、それ以外の動詞とは違う性質をもっているわけでもないということなのです。だとすると、国文法でいう「他動詞」というのは、ただ「を」をとるというだけで、他に特別の性質なんかないのではないかと思えてしまいます。

ちょっと前に、「ドアを閉じる」なら「ドアが閉じられる」に、「船を沈める」なら「船が沈められる」という具合に、「を」のついた名詞を主語にして受動態が作れるという話をしました。ですが、この性質にしても、「を」をとる動詞の場合に限ったことでもありません。「花子は太郎にさからった」から「太郎は花子にさからわれた」のような受動態が作れますし、「太郎は次郎とぶつかった」から「次郎は太郎にぶつかられた」という受動態も作れます。このように、「名詞＋に」や「名詞＋と」を主語に置き換えて、受動態を作ることもできるのです。

もちろん、「太郎は花子に会った」から「花子は太郎に会われた」という受動態を作ることはできませんし、「山田は田中と闘った」から「田中は山田に闘われた」という受動態を作ることもできません。ですから、「名詞＋に」や「名詞＋と」を主語に置き換える受動態が、いつも作れるということではありません。ですが、受動態の主語になれるのが、能動態で「を」がついていた名詞だけだということでもないのは事実です。

このように日本語では、「名詞＋を」と一緒に使われる動詞だけが、他の動詞とは違った特別の使われかたをされるのだ、ということはありません。となると、国文法が分類しているように、「を」を伴う動詞だけを「他動詞」と呼んで、他の動詞をすべて自動詞として違う種類の動詞にしてしまうのは、日本語の動詞がもっている性質を、きちんととらえたものだとは言えないのではないかと思ってしまいます。

どうして自動詞と他動詞を区別するのか

自動詞と他動詞の区別は、英語のような言語では役に立ちます。英語のように、目的語を表すための「を」のような単語がない言語だと、目的語は動詞のすぐあとに置かれることで表されます。Mary hit John.（メアリーはジョンをぶった）という文であれば、動詞のすぐ後にあるJohnという名詞が目的語で、動詞の前に置かれているMaryは主語になるわけです。一方、cry（泣く）のような動詞だと、The baby cried.（その赤ん坊は泣いた）という文でもわかるように、動詞のすぐあとに名詞が来る必要はありません。ということで、すぐあとに名詞が来る必要のある動詞が他動詞で、そうではない動詞が自動詞だと分類されることになります。

他動詞の場合は、Mary hit. のようにすぐあとに名詞のない表現は、正しい文にはなりません。自動詞だと、そもそもすぐあとに名詞が来なくてもいいのですから、当然同じ構造の表現でも正しい文になります。また、他動詞を使った文では、John was hit by Mary.(ジョンはメアリーにぶたれた)のような、目的語を主語に置き換えた受動態が作れるのに、自動詞を使った文からは受動態を作ることができません。

自動詞と他動詞の区別は、動詞によってこういう使い方の違いがあるのはなぜなのかを説明するための基準として、英語のような言語の文法では、役に立つ分類です。それに、すぐあとに名詞が来なければならないかどうかという、はっきりした特徴をもとにしているわけですから、分類のときにどちらにしたらいいのか迷うこともありません(become のような動詞は、She became a doctor.〈彼女は医者になった〉のように、後ろに名詞が来るのですが、She became famous.〈彼女は有名になった〉のように、形容詞も来ますから、ああこれは他動詞ではなくて、自動詞なのだとわかります)。

ただし実際のところは、英語の動詞は、自動詞と他動詞の両方で使われるものが、ずいぶんたくさんあります。たとえば feel の場合、I feel good.(私は気分がいい)だと、すぐあとに来ているのは名詞ではなくて形容詞だから自動詞ですし、I felt her hands.(私は彼女の両手をさわった)だと、すぐあとに her hands という名詞が来ているから、他動詞だということになります。

ですから、この動詞は自動詞、この動詞は他動詞というように、動詞そのものを自動詞か他動詞の一方にいつも分類できるとは限りません。とは言え、名詞がすぐあとに来なければならないかどうかという目に見える基準を使うことで、ある文で用いられている動詞が、自動詞と他動詞のどちらの働きをしているかを、簡単に見分けることができます。

動詞はどのように分類すればいいのか

それでは、英語とは性質の違う日本語では、自動詞と他動詞のような動詞分類をやっても無駄なのかというと、そうでもありません。

まず、外国語として日本語を学習する人たちにとっては、どんな動詞がどんな格助詞をとるのかというのは、日本語を正しく使う上では大切な内容です。もし動詞のこういう特徴を知らないと、「私は友達を会った」とか「太郎は大学から卒業した」などの、間違った日本語を使ってしまうことになります。

ただ、動詞がとる格助詞のことだけなら、とりあえず頭から覚えておけばよいだけのことです（私たちに、英語の動詞がとる前置詞が覚えられないのと同じことで、ホントはこれだけでも大変なんですが）。ですが、先ほどお話ししたことからもおわかりのように、これだけでは、日本語のいろんな動詞がもっている性質を明らかにしたことにはは、とうていなりません。

日本語の文法にとって重要なのは、動詞がとる格助詞の違いが、動詞の性質とどんな関係があるのかということです。こういう点からの分類だったら、動詞の性質とそれがとる格助詞、それに動詞を使った構文などの間にある関連性を、うまく説明することができるはずです。

「対称性」と「非対称性」

「を」をとる動詞を使った、たとえば「花子が太郎をぶった」という文が表す事柄を、「花子」と「太郎」の関係という見方でとらえてみると、二人の間に「ぶつ」という関係が成立したことを表しています。この「関係」というのは、ある事柄の中に二つのモノが含まれていて、その事柄が起こるためには、どうしてもこの二つのモノが必要だ、という場合に見られる性質のことだと思ってください。「花子が太郎をぶつ」という事柄は、「花子」と「太郎」のどちらがいなくても起こることはありませんから、この二人の間にはある関係が成立しているのだということになります。

関係というのにはいろいろあって、「ぶつ」のように、物理的に力を加えたりする場合のほか、変化を引き起こしたり（「こわす」「折る」など）、モノを生じさせたり（「作る」「建てる」など）、何らかの影響を与えたり（「呼ぶ」「叱る」など）などがあります。

それからまた、「花子」と「太郎」の間に「ぶつ」という関係が成立しているときに、「花子」と「太郎」の役割を入れ換えて、「太郎が花子をぶった」にすると、「花子が太郎をぶった」というのとは違う事柄になります。つまり、「花子」と「太郎」という二つのモノを交換できないということです。こういう性質を、ちょっとむずかしげな用語ですが、関係の「非対称性」と呼ぶことにします。

さて、「田中が山本を殺した」と「山本が田中を殺した」は違う事柄だし、「太郎が花子を起こした」と「花子が太郎を起こした」も違う事柄だということは、誰にでもわかります。ということで、「名詞＋を」と一緒に使われる動詞を使った文だと、そこに含まれている二つのモノの間にある関係は、非対称だということになります。

もっとも、「花子がバラを飾った」「太郎が大学を卒業した」「鈴木が本を読んだ」のような事柄だと、二つのモノを入れ換えてできる、「バラが花子を飾った」「大学が太郎を卒業した」「本が鈴木を読んだ」などという事柄が起こることはありえません。ですがこの場合でも、二つのモノを交換できない、という性質はちゃんとあるわけですから、さっきと同じように、非対称性があるのだと考えてよいでしょう。

「花子が太郎をぶった」という事柄では、「花子」と「太郎」の関係は非対称なのでした。そうすると、「太郎」のほうを主語にして、動詞を「ぶった」のままにしておくと、「太郎が花子をぶった」という、前とは違う事柄になってしまいます。ですが、同じ事柄を、「花子」ではなくて「太郎」のほうに注目して表したいこともあります。このためには、「太郎」を主語にして「太郎が」ではじまる文を作ることになるわけですが、動詞が「ぶった」のままでは困るわけです。

そこで出てくるのが、「ぶたれた」という受動態です。「太郎が花子にぶたれた」とすれば、「太郎」は主語なのだけれども、実際にぶったのは「花子」のほうだということが、ちゃんとわかるようになっているわけです。つまり、「ぶたれた」のような受動態というのは、非対称な関係にある二つのモノを含む事柄で、もともとは目的語であるモノが主語になっているけれども、関係としてはもとのままなのだ、ということを表すための文法的な手段なのだと考えればよいでしょう。

ところで、「非対称」というのは「対称」の反対語ですから、二つのモノの間にある関係に対称性がある場合もあるはずです。対称性があるというのは、非対称性とは逆で、二つのモノを交換しても、同じ事柄が成立するということです。実際こういう関係はちゃんとあるのでして、「戦う」「話し合う」「異なる」「関係する」などです。

日本語では、二つのモノの関係に対称性があるときには、格助詞の「と」を使って、「XがYと戦う／話し合う／異なる／関係する」のように表します。「X国はY国と戦った」という事柄は、XとYを入れ換えて「Y国はX国と戦った」としても同じ事柄を表しています。「チョウはガに異なる」と「ガはチョウに異なる」も、やはり同じ事柄を表しています。

二つのモノを入れ換えて、同じ「戦った」とか「異なる」のような動詞を使ったとしても、やっぱり同じ事柄になるのですから、関係に対称性があるこういう場合には、わざわざ受動態を使う必要はありません。このことから、「Y国はX国に戦われた」とか「ガはチョウに異なられる」のような受動態の文がないことが説明できます。

「方向性」

ここまでは何とかなりそうなのですが、問題なのは、格助詞の「に」をとる動詞です。二つのモノの間の関係が対称的な場合と非対称的な場合の両方で、「に」を使うことができるのです。たとえば、「イヌが太郎にかみついた」という事柄では、「イヌ」と「太郎」の間には非対称性があります。一方で、「花子は美智子に似ている」は「美智子は花子に似ている」と同じ事柄を表していますから、「花子」と「美智子」の間には対称性があるわけです。

ですから、関係が対称的か非対称的かという特徴だけでは、動詞がどんな格助詞をとるのかを、うまく説明することはできないことになってしまいます。だとすると、他にはどんな基準が考えられるのでしょうか。

関係が非対称な場合には、たとえば「方向性」という特徴が考えられます。格助詞の「に」は、「東京に行く」とか「故郷に帰る」のように、移動の到着点を表すのが、よく使われる働きの一つです。別の言い方をすれば、「に」が用いられる事柄の特徴としては、モノがある方向へ向かって移動するというものがあるわけです。

とすると、二つのモノの関係が非対称なときには、一方から他方へという方向性があれば、「を」ではなくて「に」を使うのではないだろうか、ということが推測できます。

そこで実例を見てみると、実際そうなっているようです。先ほどあげた「かみつく」だと、イヌの動きが太郎に向かうという方向性がありますし、これ以外にも「話しかける」「さからう」「(人に)当たる」(「パチンコで負けたので家族に当たった」のような「当たる」です)など、どこかに方向性をもつ関係を表す動詞は、「に」をとるのが普通です。

そして、「〜にかみつく」とか「〜に話しかける」の場合には、二つのモノの関係は非対称なわけですから、モノを交換すると違った事柄になります。となると、さっきの「ぶつ」などと同じように、たとえ「を」ではなくて「に」を使っていても、「に」のついた名詞を主語にする受動態が作れることになるはずです。そして実際、「XはYにかみつかれた／話しかけられた／さからわれた／当たられた」のような受動態の文は、間違いなく正しい日本語です。

それからまた、二つのモノの関係が対称的なときでも、そこに「方向性」を考えることができれば、「に」を使うことができます。たとえば「会う」や「似る」だと、「XがYと会う／似ている」と「XがYに会う／似ている」の両方が可能で、XとYを交換しても基本的には同じ事柄になります。ですから対称性があるわけですが、「会う」という事柄だと、Xだけが勝手にYに会ったと思うようなこともあります。

たとえば、「太郎はドラゴンズの監督に会った」という事柄だと、実際に会って話をした場合だけでなく、ちょっと町で見かけただけで、監督のほうは太郎のことに気づきもしなかった場合もありえます。ですから、こういう場合には、太郎から監督への方向性があるのだと考えることができるわけです。

「似る」の場合には、方向性などなさそうにも見えますが、「あなたは黒木瞳に似ている」と言う場合には、「あなた」から有名女優である「黒木瞳」への一方的な関係が大切なのでして、その逆ではありません。実際、「黒木瞳はあなたに似ている」などと言われることは、普通はなさそうです。

こういう理由で、方向性を考えることができる「会う」とか「似る」だと、たとえ対称性があっても、「と」だけでなく「に」を使うこともできるのだと説明することができます。とは言っても、対称性がないわけではないのですから、「戦う」の場合と同じように、受動態を作ることはできないはずです。実際、「YはXに会われた」とか「YはXに似られている」のような受動態を作ることはできません。

以上お話ししてきたことからおわかりになったと思いますが、日本語の場合には、格助詞の「を」をとるかどうかという特徴で、動詞を「自動詞」と「他動詞」の二つに分類するという伝統的な分け方では、動詞の性質を説明するには十分だとは言えません。そうではなくて、動詞の表す事柄の性質と、その事柄の中にあるモノの間にある関係性を考えに入れた分類こそが、日本語の文法にとって役に立つのだと思われるわけです。

3　日本語にはどうして未来形がないのか

問題　次の各文の傍線部の「た」の働きとして適当なものをア～オから選び、記号で答えなさい。

（1）次の授業は英語だったよね。
（2）赤い服を着た人が山田さんです。
（3）たった今列車が出たところです。
（4）私の父は昭和六年に生まれた。
（5）邪魔者はどいた、どいた。

ア　過去　イ　完了　ウ　存続　エ　確認　オ　命令

解答（1）エ（2）ウ（3）イ（4）ア（5）オ

国文法の「た」

「た」は、助動詞の中でも大変よく使われるもので、何と言っても「過去」を表すという大事な働きをします。ですから、日本語の文法では、とっても大切な項目の一つのはずです。ところが、国文法での取り扱いはひどく冷淡なものでして、「過去」「完了」「存続」「確認」「命令」の用法があります、と書いてあって、用例があげてあるだけです。

文法として本当に大切なのは、そういういろんな用法がどこから出てくるのかを、わかるように説明することなのです。ですが残念ながら、用法の区別に生徒が自分で考えろという、これもずいぶん冷たい態度のようです。

もちろん、日本語がわかる人間だったら、「た」の用法には今あげたようなものがあるのです、と教われば、実例を見てどの用法なのかを区別することは、それほどむずかしくないと思います。

それでは、問題を見てみましょう。

（1）「英語だったよね」は、未来の事柄なのに「た」が使われていて、命令を表すわけでもありませんから「確認」の用法だということになります。

（2）「赤い服を着た人」だと、「赤い服を着ている人」と同じ意味を表しています。ということは、「赤い服を着た」のが起こったのは過去だとしても、今でもその結果が残っているということで、こういう用法を「存続」と呼ぶわけです。

（3）は、「列車が出た」のは過去だということがわかりますが、「たった今」という表現があるので、現在の直前に起きた事柄だということで、「完了」の用法になります。

（4）が、「た」の一番典型的な「過去」を表す用法だということは、「昭和六年」という、はっきりと過去の時点を表す語句からもわかります。

（5）「どいた」が、「どけ」と同じように「命令」を表していることも、特に問題なくわかるでしょう。

こうして、「た」の用法がどれなのか、という問題を解くことはできました。ですが、これだけでは、助動詞の「た」というのが、本質的にはどういう働きをしていて、どうして過去だけではなくて、未来に起こる事柄も表せるのかを理解したことには全然なりません。日本語というコトバのしくみを知るのが文法を勉強する目的だとすると、こういう大事なことを教えない国文法では、日本語について何もわからないまま終わるんじゃないかと心配になります。

大体、過去を表すというのであれば、「時制」のことを勉強しないわけにはいかないのではないでしょうか。高校で学ぶ英語の文法では、「時制」は最重要項目の一つで、これがわからないと、英語をちゃんと読むことはまずできません。日本語にも、「走る」と「走った」のような、時制を区別する言い方はきちんとあるのですから、時制という項目は、日本語の文法から落とすことは、どうしてもできないはずなのです。

時制とは何か

事柄は一般的に、「現在」「過去」「未来」の、どれかの時点で起きるものです。そして事柄がいつ起きるのかは、事柄の内容にとって重要な要素で、どんな言語にも、事柄が起きる時点を表す手段があります。事柄の枠組みを作るのが述語、特に動詞ですから、動詞に何らかの単語をつけ加えたり、動詞の語形を変えるなどして、事柄の成立する時点を表す言語もたくさんあります（というより、こういう言語が普通です）。

このような、動詞の語形などが事柄の起きる時点を表しているものを「時制（テンス）」と呼びます。ただし、どんな言語でも同じ時制をもっているわけではありません。中国語のような言語だと、過去を表すために特別の単語を使わなければならないということはなくて、ですから、中国語には時制がないのだと言えます。

一方、英語であれば、現在・過去・未来の時制があるだけではなくて、現在完了・過去完了・未来完了という時制もあります。フランス語にしても、現在完了がないだけで、あとは英語と同じだけの時制をもっています。このように、どんな時制があるのかは、言語によって違うわけです。

それでは、日本語の時制はどうなっているのでしょうか。まず、助動詞の「た」に、過去に起こった事柄を表す働きがあることは確かです。日本語には、他に過去の事柄を表すための、英語の現在完了のような働きをする単語はありませんから、日本語で過去時制を表す単語は「た」だということになります。

あと残るのは「現在」と「未来」ですが、日本語にも英語と同じような時制があるのでしょうか。

日本語に未来時制はない

日本語の、たとえば「来た」と対立する動詞の形を考えるとしたら、誰でも「来る」をあげるでしょう。それでは、「太郎は来る」という文が、いつ起きる事柄を表しているのかというと、それは未来です。「今来る」と言っても、それはホントの現在ではなくて、「すぐ来る」という意味なのですから、「来る」が現在を表すことはありません。

となると、日本語の「来る」の「る」は、未来時制を表す形なのだという気もします。ところが、「見える」を使った「山が見える」という文だと、普通は現在を表します。そしてまた、「もうすぐ山が見える」という文では、「見える」は、今度は未来を表していま す。

つまり、日本語で「た」と対立する「る」という形（「る」は、五段活用の「行く」や「走る」ではuだけで現れるので、独立した単語とは言えませんが）は、現在か未来のどちらかで起きる事柄を表す働きをもっているというわけです。

こういう例を見てみると、日本語には独立した現在時制や未来時制というものはなくて、過去ではないことを表す時制があるだけだということがわかります。過去ではないということで、こういう時制は「非過去時制」と呼ばれています。結局のところ、日本語の時制というのは、英語のような「過去―現在―未来」の三つが基本なのではなくて、「過去―非過去」の二つだということです。

それじゃあ「だろう」は何なんだ、「だろう」が未来を表すんじゃないか、と思う方もいらっしゃるかもしれません。確かに、英語のIt will rain tomorrow.を日本語に訳すと、「明日は雨が降るだろう」になるのが普通です。そうすると、「だろう」が未来時制を表す単語だと思いたくなるのですが、「だろう」は、「あいつはもう仕事が終わっただろう」のように、過去の事柄についても用いることができます。ですから、「だろう」は未来の事柄だけを表す単語ではないのです。「雨が降るだろう」で未来を表しているのは、あくまでも動詞の「降る」にある「る」です。

英語のwill rainのような未来時制に対する訳語として、「だろう」を当てることが多いのは、「雨が降る」のような事柄は、確実に起きるとは限らないからです。確実ではない事柄だから、「推量」を表す「だろう」を用いているだけのことなのです。実際、たとえ未来の事柄だとしても、「私は明日二十歳になる」のように、絶対に起きるとわかっているものだったら、「なる」という形が用いられるわけでして、「私は明日二十歳になるだろう」などと言うことはありません。

英語のwillを用いる未来時制だと、これは純粋に未来に起きる事柄を表すための形です。そして未来に起きる事柄というのは、まだ起きていないのですから、絶対に起きるとは限りません。ですから、willだけを使ったとしても、その中に推量の意味も含まれているのだと考えればいいわけです。

日本語で現在と未来はどのようにして区別されるか

日本語に、過去と非過去という二つの時制しかないとなると、現在と未来の区別ができなくて困るのではないかという気もします。ですが、実際にはそんなことはありません。これはどうしてかというと、先述の例でも見たように、「来る」であれば未来を表すし、「見える」であれば普通は現在を表すという具合に、動詞によって、「る」がついたときに表す時点が決まってくるからなのです。

一般的に言えば、動詞は、状態を表すもの（状態動詞）と動作を表すもの（動作動詞）に区別されます。「いる」「ある」「異なる」「見える」「泳げる」などだと状態を表しますし、「走る」「飛ぶ」「泣く」などだと動作を表します。そして、状態を表す動詞が「る」をとると現在を表し、動作を表す動詞が「る」をとると、未来を表すようになっています。

ただ、「見える」のような状態動詞が未来を表すこともあるのは、さっきの「もうすぐ山が見える」の例でもわかる通りです。ですが、「見える」が未来を表すのは、「もうすぐ」のような、未来の時点を表す語句と一緒に使われているような場合なのでして、そういう特別の語句がなければ、現在を表すのが普通です。

動詞が状態と動作のどちらを表すかは、動詞の意味を知っていればすぐにわかります。ですから、たとえ非過去時制だったとしても、現在と未来のどちらを表しているのかは、別に問題なく理解できるということです。このことから、日本語では、独立した現在時制や未来時制がなくても、非過去時制だけで現在と未来の区別ができるというしくみになっているわけです。

アスペクト

それでは、どうして状態動詞の非過去時制だと現在を、動作動詞の非過去時制だと未来を表すのでしょうか。まずそのためには、「る」が「ている」とは違う「アスペクト」を表すのだということを、知っておく必要があります。「アスペクト」というのは、事柄の局面のことなのですが、最も基本的なアスペクトは、事柄の「全体」か「部分」かというものです。

事柄の全体が起きるとすると、事柄は完了したということになりますし、事柄の部分しか起きていないのだったら、事柄はまだ完了していないということです（「継続している」という言い方をすることもあります）。このことから、「全体」「部分」は、「完了」「未完了」と呼ばれることもあるのですが、ここでは、英語の「現在完了」のような「完了」ときちんと区別するために、「全体」「部分」という用語のほうを用いることにします。

日本語では、事柄の全体が起きたことを表すのが「る」と「た」で、一部分だけが起きたことを表すのが「ている」と「ていた」です。「る」が全体を表していて、「ている」が部分を表しているというのは、たとえば「太郎は家から駅まで一〇分歩く」は言えるのに、「太郎は家から駅まで一〇分歩いている」が言えないという違いを見ればわかります。「家から駅まで歩く」という事柄の全体が起きるのに一〇分かかるのだとすれば、その部分が同じように一〇分かかるということはありえない、ということからこういう違いが出てくるわけです。

未来はどのようにして表されるか

さて、非過去時制の「る」が全体を表すとすると、「走る」という動詞が表すのは、現在または未来の時点で「誰かが走る」という事柄の全体だということになります。ところが、「誰かが走る」という事柄の全体が起きるためには、どうしてもある程度の時間がかかるのでして、一瞬にして終わるということはありません。走るという動作が起きるためには、必ず少しは場所を移動しなければなりませんが、一瞬にして場所を移動することは誰にもできないからです。

ところが、「現在」というのは一瞬ですから、「誰かが走る」という事柄の全体が、現在の時点で起きることはありえません。「走る」が、現在か未来のどちらかを表すことになっていて、現在を表すことができないのなら、もう未来しか表すことはできません。未来であれば、一瞬だけではなくて、ある程度の幅がある時間も考えることができます。このことから、「走る」のような、動作動詞に「る」がついた形が、普通は未来を表すことが説明できます。

その一方で、「走っている」であれば、現在か未来の時点で「誰かが走る」という事柄の一部分が起きることを表しています。事柄の部分であれば、現在という一瞬の間でも起きることができます。このことから、「走る」のような動作動詞については、「ている」をつけることではじめて、現在の時点で起きる事柄を表すことができるようになるわけです。

「走っている」が未来を表すことは、このままの形ではあまりないのですが、たとえば「明日の今頃なら、太郎はマラソン大会でここらあたりを走っているだろう」のように、未来を表す語句と一緒であれば、未来を表すこともできます。

また、「ある」のような状態動詞が表す事柄についても、実は動作動詞の場合と同じで、その全体が成立するためには時間がかかるのが普通です。たとえば「リンゴがテーブルの上にある」という事柄は、誰かがリンゴをテーブルの上に置いた時に始まって、それを誰かがテーブルから取り上げた時に終わります。開始から終了までの間がどれくらいの時間かはわからないにしても、とにかく全体が成立するためにはある程度の時間がかかります。

ところが「リンゴがテーブルの上にある」という事柄は、どの瞬間をとっても、何の変わりもありません。ということは、こういう事柄については、全体でも部分でも同じだということになります。全体と部分が同じなのだったら、事柄の全体を表す「ある」という形をとっていても、それは現在の時点で起きることもできるわけです。

ほかの状態動詞が表す事柄も、「ある」と同じように、全体と部分が同じだという性質をもっているのでして、このことから、状態動詞に「る」がついた形は現在を表すことができるということになります。もちろん、「る」は非過去時制なのですから、「ある」のような形で、未来を表すこともできます。たとえば、「今は金がないが、明日ならある」のように、未来の時点を表す「明日」のような語句と一緒であれば、さっきの「走っている」の場合と同じように、「ある」が未来を表します。

「た」にはどうしていくつかの違う働きがあるのか

それでは次に、最初の問題で取り上げられていた、助動詞「た」にいろいろな働きがあるのはどうしてなのかを、考えてみましょう。

「た」というのは、基本的には、事柄が過去に起きたのだということを表す働きをするわけですが、事柄が過去に起きたということは、その事柄が現在よりも前に全部終わっているということです。そして事柄が終われば、普通は何らかの形で結果を残すものです。たとえば、「太郎がガラスを割る」という事柄が終われば、「ガラスが割れている」という結果が残りますし、「花子が家に着く」という事柄が終われば、「花子が家にいる」という結果が残ります。

ただし、終わってもその結果がはっきりとはわかりにくい事柄もあって、「太郎が花子を見かける」とか「花子が数学を勉強する」などという事柄だと、それがどんな結果を残すのかは、目に見える形ではわかりません。ですがそれでも、太郎が花子を見かければ、太郎には花子を見かけたという記憶が残るわけですし、花子が数学を勉強すれば、花子には数学の知識が少しは身につくことになります。こういうふうに、結果のことを広くとらえることにすれば、事柄が終われば、一応は何らかの結果が残るものなのだと考えることはできます。

このような、過去に起きた事柄の結果が、現在まで残っていることを表すための特別の形が、英語の現在完了です。Taro has seen Hanako. とか Hanako has studied math. のように現在完了を使えば、どんな結果なのかははっきりしなくても、とにかく現在にも結果が残っているのだということを表すことができます。

ところが、日本語には現在完了という時制はないので、過去を表す「た」が、この現在完了の働きまでも兼ねることになります。過去に起こった事柄の結果が現在にまで残っているのは十分にありえますから、過去を表す「た」が現在完了の働きをすることについては、特に不自然なところはないでしょう。

最初の問題にあった「たった今列車が出たところです」という文だと、「たった今」という語句で、列車が出た直後なのだということがわかりますから、「列車が出る」という事柄の結果が、現在でも残っていると考えていいでしょう（具体的にどんな結果かはわかりませんが、ホームに人がいないとか、見送りの人が帰りかけているとか、適当に想像することはできます）。ですから、この文で用いられている「た」は、現在完了の働きをしていると考えることができます。そのため、国文法では、この働きを「完了」と呼んでいるわけです。

「た」がもつ「存続」の用法

さて、「た」に、事柄の結果が現在までも残っていることを表す働きがあるのだとしたら、「誰かが赤い服を着た」という文が、その結果として起きる「誰かが赤い服を着ている」という事柄を表すこともできそうです。実際、「赤い服を着た人」の中にある「赤い服を着た」は、過去の時点で赤い服を着た結果、現在でも赤い服を着ているという意味を表しています。

回りくどい言い方をしましたが、要するに、「赤い服を着た人」は、「赤い服を着ている人」と同じ意味を表すのだということです。ということは、この用法も「完了」、つまり現在完了の働きをしているものだとしていいようにも思われます。

ところが困ったことに、「山田さんは赤い服を着た」という文が、「山田さんが赤い服を着ている」と同じ意味を表すことはありません。あとに「人」が来れば、「赤い服を着た」と「赤い服を着ている」は同じ意味になるのに、何も来なければ意味が違うというわけです。

これはどうしてかというと、日本語には「ている」という形があって、「着る」のような瞬間的な動作を表す動詞だと、「着た」ではなくて「着ている」という形のほうで、事柄の結果をはっきりと表すようになっているからです。実際、「料理ができている」であれば、料理ができて、その結果食べられるようになっているということを表しますし、「紙が破れている」であれば、紙が過去に破れて今でもまだ破れたままだという、結果の意味を表しています。

ところが、「赤い服を着た」だけだと、「赤い服を着る」という事柄が過去に起きたことは表していますが、その結果が現在にまで残っているかどうかはわかりません。赤い服を着たんだけれども、今はその服を脱いで別の色の服を着ていても別に構わないわけです。言い換えれば、「た」は過去か現在完了のどちらかを表すものの、そのどちらなのかは、文脈などによって判断するしかないということなのです。

ということで、「赤い服を着ている」であれば、間違いなく事柄の結果を表すことができるわけですから、わざわざ意味がはっきりしない「赤い服を着た」で結果を表す必要はないことになります。そうすると、「赤い服を着た人」が「赤い服を着ている人」と同じ意味を表すのは、「た」の働きとしてはおかしいのではないかということになってしまいます。こんなことがあっていいのでしょうか。

ですがこういう言い方は、「帽子をかぶった男」「雪がつもった山」「割れたガラス」など、日本語にはいくらでも見られます。というわけで、国文法では、説明はしないけれども、働きは「完了」とは区別しなければならないということで、あとに名詞があるときだけに見られる「た」のこういう用法を、「存続」の用法として区別しているのでしょう。

関係節中の「た」の働き

もちろん問題なのは、どうして「た」が、普通の文ではもつことができない働きを、こういう場合にだけもつことができるのかということです。実は、この理由は今のところはっきりとはわかっていません。

「赤い服を着た人」の「赤い服を着た」は、普通の文ではなくて、名詞を修飾する「関係節」と呼ばれるものです。関係節は、「節」と呼ばれるくらいですから、文に近い性質があるわけですが、それでも一人前の文とは違うのだ、という中途半端なところがあって、そこらへんが関係しているのではないかと、誰もが思っています。ですが、そういう関係節の特徴と「た」の性質とが、どんなつながりをもっているのかがまだ、納得のいくようには説明できていないのです。

ただ、関係節というのは従属節の一種です。従属節としては、「花子が来たことを知った」の「花子が来たこと」のような「名詞節」、「花子が来た時、雨が降り出した」の「花子が来た時」のような「副詞節」、そして今見ているような関係節があります。そういう従属節の中では、「た」が過去を表すというよりは、過去も含めて、主節よりも「前」に起きた事柄を表すという性質があります。

たとえば、「風呂に入ったあとで、食事をする」という文では、「風呂に入ったあとで」の部分が従属節です。この場合、「風呂に入った」というのは、主節の「食事をする」よりも前に起きる事柄を表しているのですが、主節が表しているのは未来ですから、「風呂に入った」も未来を表しているのだと考えなければなりません。

それからまた、従属節中の事柄は、何らかの点で主節の事柄と密接な関係にあるからこそ、主節と一緒になって一つの文を作るわけです。「花子は美智子と会った」「花子は楽しかった」という二つの事柄は、こうして並べただけでは何の関係もありません。ですがここで、「花子は美智子と会った」が「花子は楽しかった」の原因だと考えられたとすると、「花子は美智子と会ったので楽しかった」という文が出来上がります。ある事柄の原因というのは、その事柄と密接な関係にあるわけでして、それを表すために「花子は美智子と会ったので」という従属節（副詞節）が使われているわけです。

「私はアメリカに行った弟のことを考えている」という文でも、「（弟は）アメリカに行った」という事柄を表す関係節と、「私は弟のことを考えている」という主節の間には密接な関係があるのだと考えていいでしょう。だとすると、「（弟は）アメリカに行った」という事柄が終わった結果が、「私は弟のことを考えている」という事柄が起きている現在の時点でも残っていると考えることができます。

ということは、関係節中の「た」は「完了」の意味を表していると言えるわけです。つまり、「(弟は)アメリカに行った」という節は、弟は今日本にはいなくてアメリカにいるということを、表していることになります。

ところが、「た」は、純粋な過去も表せるのですから、もし関係節でなくて普通の文だとすると、「(弟は)アメリカに行った」は、昔アメリカに行ったことはあるけれども、今は日本にいるという内容も表していいはずです。ですが、関係節というのは何しろ主節と「密接な」関係にあるのですから、「た」がこういう純粋な過去の意味を表すことは、この関係を解消することになってしまって、ちょっとできないわけです。

このことから、このような関係節中の「た」は、普通の過去ではなくて、過去の事柄の結果が残っているという意味だけを表すのではないかと考えられます。その結果、主節にある場合とは違って、「赤い服を着た人」が「赤い服を着ている人」と同じ意味を表すことができるのではないかと思われるのです。

ということで、国文法で「存続」とされている用法は、実のところは「完了」の一種で、関係節の中だけで特別に現れてくるものなのではないかと考えているわけです。

「た」のモダリティー表示

「た」には、まだ別の用法がありました。なかなか奥が深い助動詞です。問題文の（1）にあった「英語だったよね」は、「た」が未来を表していて、国文法では、これを「確認」の用法と呼んでいます。過去を表しているのではないのですから、こういう例での「た」の用法が、事柄がいつ起きるかを表すための時制としてのものではない、というのははっきりしています。

このように、時制を表すはずの形が別の働きをする例は、いろいろな言語に見られて、英語でも、if のあとで用いられる「仮定法」では、If I was rich, I would be happy.（もし金持ちだったら、私は幸せだろう）のように、was という過去を表す形が、現在の事実とは違う事柄を表すために使われています。

英語の仮定法というのは、事柄が必ずしもホントではなく、起きる可能性があるだけだという内容を表す働きをしており、事柄の性質についてのこのような判断を表す内容を、「モダリティー」と呼びます。ですから、仮定法で用いられる過去形は、時制ではなくてモダリティーを表す働きをしていることになります。

日本語の「次の授業は数学だった」で使われる「た」も、こうしたモダリティー的な働きをしているのだと考えられます。ここでは、「数学だ」ではなくて、「数学だった」とすることによって、「次の授業が数学だ」という事柄がホントだということを、話し手がよく知らないという意味を表しています。事柄がホントかどうかを話し手が知らないということから、聞き手に対して、そういう事柄を「確認」しているという意味が出てくるのだと考えられるわけです。

モダリティーは、今見た例のような、事柄の可能性に対する判断だけでなく、命令や意志を表す場合などがあります。「行け」は命令のモダリティーを表す言い方ですし、「行こう」は意志のモダリティーを表す言い方です。問題文（5）の「どいた」という形では、「た」が「命令」のモダリティーを表しています。

「た」がどういう場合に、どういうモダリティーを表すのかは、まだよくわかっていません。ですから「どいた」が、どうして「どけ」という命令の意味になるのかも、うまい説明は、残念ながらまだできません。ただ、「た」は事柄が全部終わったということを表すのですから、「どく」という動作がもう終わったものとして相手に伝えることで、もうお前はどいていることになっているのだ、だからどくのが当然なのだ、という強い命令の意味を表すことになるのではないかとも考えられます。

第三章

助動詞は文の性質をさまざまに変更する

1　動詞を否定する「ない」と形容詞を否定する「ない」は違う

問題　次の文中の傍線部「ない」と同じ意味・用法のものを、ア～エから一つ選び、記号で答えなさい。

読書においては、著者の真意を理解するということはあらゆる場合に必要なことである。自分の考えで勝手に読むのは読まないのと同じである。

ア　さりげない思いやり。　イ　熱を逃がさない容器。

ウ　一人でも寂しくない。　エ　大空には雲が一つもない。

解答　イ

国文法の「ない」

「ない」は、「Xがない」という意味を表す文では、単独で述語として働いています。日本語で述語を作ることができる単語は、動詞と名詞と形容詞・形容動詞でして、「ない」は「なかろう」「なかった」のように活用して、終止形が「い」で終わっており、活用が形容詞と同じですから、形容詞の仲間だとされます。

多くの言語では、「ある」という意味を表す動詞に否定語がついて、主語が存在しないのだという意味を表す方法がとられています。英語の「be動詞＋not」、中国語の「没有」（発音は「メイ・ヨウ」のような感じです）のように、存在を表す動詞にnotや「没」という否定語がつく形で、「Xがない」という意味を表すわけです。ですから、日本語のように否定を表す単語一つだけで、同じ内容を表すのは珍しいと言えるでしょう。

それからまた、日本語では、述語として働くことができる「ない」が、動詞のあとに来て「走らない」のように否定の意味を表すこともできます。この場合の「ない」は、いつも動詞と一緒にしか使われず、単独で述語にはなれませんから、付属語（機能語）で、しかも活用しますから、品詞としては助動詞に属することになります。

「ない」はまた、「大きくない」という例に見られるように、形容詞のあとに来て、同じように否定の意味を表すことができます。となると、動詞のあとに来る場合と別に違わないのですから、やはり助動詞に入れるのが普通の考え方なんじゃないかと思われます。国語学者の時枝誠記《もとき》も、『日本文法―口語篇』では、形容詞に続く「ない」を助動詞に分類しています。

ところが国文法では、形容詞を否定する「ない」を、何と形容詞だとしています。ただし、形容詞とは違う働きをしていることは誰が見てもわかりますから、その点を考慮して、「補助形容詞」などと呼ぶこともあるようです。ですがそれにしても、形容詞を否定する「ない」が、あくまでも形容詞の一種だとされていることに変わりはありません。

というわけで、問題の「読まない」は動詞のあとに来ていますから助動詞で、選択肢のうちで「ない」が動詞のあとに来ているのは、イの「逃がさない」だけですから、これが正解になります。アの「さりげない」は、これ全体で形容詞です。ウの「寂しくない」は、「寂しい」が形容詞ですから、国文法では形容詞です。エの「ない」は、これだけで述語になっていますから、やはり形容詞になります。

「ない」が分類される根拠

形容詞を否定する「ない」を、これまた形容詞だとする分類にも、一応根拠はあるようです。どういうことかというと、「大きくない」の「大きく」と「ない」の間に、「は」とか「も」を入れて、「大きくはない」「大きくもない」とすることができて、「大きくは」と「大きくも」だと、これで一つの文節になるのだから、「ない」もこれだけで文節ということになり、「走らない」の「ない」がどうやっても文節を作れないのとは違うということなのです。形容詞のあとの「ない」が、これだけで文節なのだとしたら、助動詞ではなくて形容詞に分類されるのはしかたのないことです。

　ですが、第一章の第一節でお話ししたように、もともと文節とはどんなものなのかが全然はっきりしていないのですから、「大きくは」が本当に一つの文節なのかどうかは、すごく疑わしいわけです。「大きくは」が文節ではないとしたら、当然「ない」も文節ではないということで、そうするとこの単語が形容詞だという根拠もなくなってしまいます。

　それにしても、「大きく」も「ない」も文節だとしたら、「大きく」などというモノがあって、その「大きく」が存在しないのだということを、「ない」が表しているということになってしまいそうです。もちろん、「大きく」なんてモノは、それこそどこにも存在しないのですから、こういう分析はどう考えてもおかしいと言えます。

　あくまでもこの「ない」は、「大きい」という形容詞の表す意味を否定するという働きしかしていないのですから、やっぱりこの「ない」を形容詞だと考えることは無理なのではないかと思います。

　ただ、否定語として「ない」だけでなく「ん」を用いる方言では、動詞の否定には「ん」を使い、形容詞の否定に「ない」を用いるという使い分けがあります。九州方言では、「走らない」は「走らん」ですが、「大きくない」は「大きゅうない」「なか」」あるいは「大きない」「なか」」と言います。

国文法でも、助動詞の「ない」と(補助)形容詞の「ない」を区別する方法として、「ない」が「ぬ」に置き換えられるかどうかという基準をあげています。置き換えられれば助動詞だし、置き換えられなければ形容詞だとすればよいというわけです。実際、「走らない」は「走らぬ」にすることができますが、「大きくない」は「大きくぬ」に言い換えることはできません。

となると、動詞を否定する「ない」と形容詞を否定する「ない」を区別することが、すごくおかしいのだというわけではないのかもしれません。ですが、「ない」と「ん」を使い分ける方言では、動詞か形容詞かによって否定語が異なるというだけのことで、この二つの否定語が同じ品詞に属してはいけないということにはなりません。

「ぬ」にしても同じことで、この否定語が動詞のあとにしか来ないという性質をもっていることと、「ない」が動詞と形容詞の両方のあとに来れるということとの間に、関連性があるということはありません。ですから、「ぬ」で置き換えられるかどうかで、これとは違う単語である「ない」の品詞を決めようとするのは、正しい考え方だとは言えないでしょう。大体、「ぬ」などという否定語は、少なくとも標準語の口語であればまず用いられることはありません。となると、「ぬ」が変化してできた「ん」を、否定語として使わない地方の生徒たちは、「ぬ」をつけられるかどうかについて、正しい判断ができない可能性も大いにあります。こうした判断の基準を平気であげている国文法の教科書の著者は、一体何を考えているのだろうかと思ってしまいます。

それはともかくとしても、動詞のあとに来る「ない」が助動詞なのに、形容詞のあとに来る「ない」が、助動詞ではなくて形容詞だとしている国文法の考え方は、否定語としてはまったく同じ働きをしているこの単語の性質を、正しくとらえたものではないと言えるでしょう。

結局、国文法で大切だとされているのは、否定語として働く「ない」がどの品詞に属しているかということと、この単語がどんな活用をするかということだけなのです。ですが、否定語の「ない」に助動詞と形容詞の二つがあるという考えが適当ではないのだとすると、国文法を学ぶ生徒たちは、日本語の否定のしくみについて、実質的なことは何も知らないで終わってしまうことになってしまいます。

否定とは何か

それでは「否定」というのは、一体どういう性質をもつものなのでしょうか。まず、否定は「肯定」と対立するもので、肯定文が、ある事柄が成立したことを表すのに対して、否定文はある事柄が成立しなかったことを表します。簡単に言えばそれだけのことで、肯定文と否定文を、単純に「真か偽か」、つまりホントなのかウソなのか、という性質の違いだけでとらえる論理学では、肯定文をpで表すとすると、否定文は」pで表すというように、肯定文と否定文は、「」」という記号がついているかいないかだけの違いしかありません。

ですが実際のコトバでは、肯定文と否定文は、事柄が成立するかしないかだけの違いを表しているのではありません。論理学では、「否定の否定」、つまり」」pで表されるような内容は、とりもなおさず「肯定」(p)と同じになるのですが、普通のコトバで否定が繰り返されると、たとえば「彼女は美しくなくはない」が「彼女は美しい」と同じ意味を表すことはありません。このような、「二重否定」と言われる文は、「彼女は美しい」という肯定の意味とは少し違った、「彼女はある程度は美しい」のような、肯定文の内容を少し弱めた意味を表しています。

大体コトバというのは、ある事柄が起きた、ということを誰かに伝えるために使われるのですから、文を使うとしたらまずは肯定文が選ばれるはずです。ですから、ある事柄が「起きなかった」という内容を表す否定文が使われるためには、肯定文とは違った、特別の場面が必要です。たとえば、通りを歩いている見知らぬ人に向かって、「あなた財布を落としましたよ」と言って話しかけることはあっても、「あなた財布を落としませんでした」と声をかけることはまずありません。「あなたが財布を落とさなかった」という否定文がきちんと使えるためには、その人が財布を落としたのがホントなのかどうかが、話題になっていることが必要です。

もちろん、教師がある学生に向かっていきなり、「君はレポートを提出していないね」と話しかけることは、特に変ではありません。ですが、こういう場合には普通、教師とその学生の間に、ある期日までにレポートを提出しなければならないのだ、という共通の了解があるわけです。その学生と教師が全然知らない間柄だったとしたら、いきなりこういうふうに話しかけてくる教師は、怪しいおっさんだと思われてしまうだけです。

というわけで、普通のコトバの使い方では、否定文が使われるためには、それに対応する肯定文が表す事柄がホントなのかどうかが、話題になっていなければいけないのです。文というのは、いつも何らかの場面で使われるのですから、文の性質にそれが使われる場面も含めて考えるとすると、否定文と肯定文がもっている性質には、事柄がホントなのかウソなのか、ということ以上の違いがあると考えなければなりません。

どうして「太郎は学生でない」が不自然なのか

ところで国文法では、動詞と形容詞の否定しか問題にされていませんが、名詞が述語になっているときにも、「ない」を使って否定することができます。ところが、名詞に「ない」を続けるときに、「太郎は学生でない」のように、「学生だ」のあとに直接「ない」を続けるのはどうも変なのでして、「太郎は学生ではない」のように、「で」と「ない」の間に「は」を入れたくなります。話しことばではさらに、「学生じゃない」のように、「で＋は」を、「じゃ」という一つの単語のようにして使うのが普通になっています。

それでは、動詞や形容詞の場合には、「太郎は走らなかった」「そのイヌは賢くない」のように「は」を入れない否定文でも自然なのに、名詞の場合には「は」を入れないと、どうして不自然になってしまうのでしょうか。

実はこれには、先ほどお話しした、否定文をちゃんと使うために必要な場面というものが関係しているのです。「太郎は財布を落とさなかった」「そのイヌは賢くない」「太郎は学生ではない」という否定文が使われる場面では、「太郎が財布を落とした」「そのイヌが賢い」「太郎が学生だ」という事柄がホントなのかどうかということが、あらかじめ話題になっているはずです。

ところで、「太郎が財布を落とした」のかどうかが話題になっている場合、それ以外の事柄が起きたのかどうかについては、別に話題になっているなどということはありません。太郎が財布を落としたかどうかを話題にしているのに、「太郎が泣いた」のかどうかとか、「太郎が酒を飲んだ」のかどうかなど、他のいろんな事柄のことをいちいち考えている人はいないというわけです。

ちょっとわかりにくいかもしれないので、別の見方をしておきましょう。「太郎は財布を落とさなかった」ということがホントだったとします。でもだからといって、これ以外の「太郎が泣いた」とか「太郎が酒を飲んだ」などの事柄が起きたというわけではありません。あくまでも、太郎が財布を落としたか、それとも落とさなかったか、というだけのことでして、それ以外ではないわけです。実際、「太郎は財布を落とさなかった。しかし泣いた」などという文が使われることは、まずめったにありません。

ところが、「太郎が学生だ」ということが、ホントなのかどうかが話題になっている場面では、太郎が学生か学生ではないかというよりはむしろ、太郎がどんな職業の人間なのかということが大切なのが普通です。別の言い方をすれば、太郎が学生かどうかが問題になっている場面では、太郎が会社員なのか、それとも店員なのか、それとも教師なのかといった、太郎の職業について選択肢がいくつかあって、太郎はその中のどれなのかが問題になっているということです。

名詞が述語である否定文の性質

「太郎は財布を落とさなかった」の場合と同じように考えてみましょう。もし「太郎は学生ではない」がホントだとすると、「太郎は会社員だ」とか「太郎は店員だ」とか「太郎は教師だ」などの、太郎の職業を表す事柄のうちのどれかが必ず成立しています（あるいは「太郎は何もしていない、プータローだ」というのもあるかもしれませんが）。「太郎は学生ではない。しかし教師だ」という文なら、使われても全然おかしくありません。このように、文が表す事柄以外の事柄が必ず成立するという点が、動詞の否定と名詞の否定の大きな違いだと言えます。

もっと一般的な言い方をすると、「太郎は財布を落とさなかった」という否定文の表す事柄は、それとは違った事柄といつも対比されているというわけではないのですが、「太郎は学生ではない」という否定文が表す事柄は、それとは別の事柄と必ず対比されているという違いがあるということになります。

それでは次に、「は」のことを見てみましょう。「学生ではない」のように述語の中で使われる「は」には、普通は、その述語を用いた文が表す事柄と、それ以外の事柄を対比させるという働きがあります。たとえば、「太郎は泣いた」の「泣いた」に「は」を入れると、「太郎は泣きはした」になります。この文は「太郎は泣きはしたが、それほど悲しんではいなかった」のように、「太郎が泣いた」という事柄と対比される内容を表す文と一緒に使われるものです。

同じように、「花子は美しい」の「美しい」に「は」を入れると、「花子は美しくはある」になります。そしてこの文も、「花子は美しくはあるが性格が悪い」のように、やっぱり「花子は美しい」という事柄と、何らかの形で対比される内容を表す事柄と一緒に使われなければ、何となく中途半端な感じがします。

ですから、述語に「は」がついているときには、ある事柄とそれ以外の事柄とが対比されているのだ、と考えることができます。それで、先ほどお話ししたように、「太郎は学生だ」を否定した文は、「太郎は学生以外の職業の人間だ」のような別の事柄と対比されているのが普通なわけです。となると、「学生でない」のような「は」のついていない言い方だと、他と対比されていないということになりますから、こっちのほうが不自然で、「学生ではない」のように「は」がついているほうが、対比されているのだということがきちんと表されていて、自然なのだというわけです。

形容詞が述語の場合

最後に、形容詞の否定のこともお話ししておきます。「そのイヌは賢くない」という否定文についても、この文が使われる場面では、そのイヌが賢いか、それとも賢くないかということだけが話題になっていて、それ以外の、どんな色なのかとか、大きいかどうか、などということは、普通は関係ありません。

ただ、「そのイヌは賢くない」というのがホントだったとすると、「そのイヌはバカだ」というのは言えそうです。それはそうなのですが、これは、「賢い」と「バカだ」が反対語だからなのでして、「賢くない」からといって、「大きい」とか「白い」とか「プードルだ」のような性質が、自動的に出てくるというわけではありません。

というわけで、形容詞の否定については、動詞の否定と同じで、別の事柄と対比されているのではないということです。ですから、「そのイヌは賢くない」のような「は」がついていない文でも、別におかしくないと感じられるわけです。

もっとも、「そのイヌは賢くはないが、よく人になつく」のように、他の事柄と対比されていることがはっきりしているときには、対比の「は」をつけたほうが自然になります。同じように、動詞が述語のときも、「太郎は財布を落としはしなかった。駅に忘れただけだ」のように、対比されていることがすぐわかるときには、「は」をつけないとちょっと不自然な感じがします。

2 「推量」や「推定」の助動詞をどう区別するか

問題　次の各文の傍線部の違いを述べなさい。
（1）a 彼の態度は男らしい。
b 駅まではまだ遠いらしい。
（2）a バスはもうすぐ来るだろう。
b 飛行機は多分飛んだろう。
（3）a もうすぐ雪も降ろう。
b 明日は早く起きよう。

解答
（1）a「男らしい」という形容詞の一部。
b 推定の助動詞「らしい」
（2）a 断定の助動詞「た」の未然形。
b 過去の助動詞「た」の未然形。

（3）a助動詞「う」の「推量」用法。
b助動詞「う」の「意志」用法。

「推量」の表す内容

国文法では、「推量」とか「推定」の助動詞と呼ばれる単語がいくつかあります。推量の助動詞としては、「う／よう」「まい」が、推定の助動詞としては「らしい」と「ようだ」があげられています。ただし国文法で、推量とか推定と呼ばれる内容が、一体どんなことを言っているのかについての説明がされることは、一切ありません。

国文法を勉強する生徒の中には、「推量」と「推定」はどこが違うんだろう、と疑問に思う者も必ずいるはずです。でもそんなことは、誰も教えてくれません。結局、推量も推定も同じようなものなんだろう、と思って文法の勉強を終えてしまうわけです。

だからこそ、本書の「はじめに」でも触れたように、「らしい」と「ようだ」の使い方を間違えた文章が書かれるようなことにもなってしまうわけで、日本の国語教育の問題点が、ここに端的に現れているのではないかとも思えます。

「推量」と「推定」の違いについては、またあとでちゃんとお話しすることにして、まずは、推量とか推定のような言い方が、一体どんな働きをしているのかを説明しておきます。

「推量」とか「推定」などと呼ばれる内容は、事柄が成立する可能性について、話し手がどのように判断しているのかを表しています。事柄がホントに成立したのか、あるいはこれから成立するのかどうかということは、いつも完全にわかるとは限らないので、事柄の成立する可能性を表すのは、どんな場合でも、そしてどんなコトバでも必要なことです。

たとえば、「明日雨が降る」という事柄は、気象庁の人でも絶対にホントだと確信することはできないでしょう。ですから、「雨が降るでしょう」という予報になるのですし、私たちが空模様などを見て明日の天気を予測するときには、「雨が降るかもしれない」などと言います。何もつけないで「明日雨が降る」などと言われると、何だかいんちき占い師を相手にしているような気もしてしまいます。

このように、事柄がホントかどうかということについては、いつも誰もが気にかけているのでして、だからこそ、事柄の成立可能性を表す言い方は、人間のコトバであればどんなものでももっているのだと考えていいでしょう。

日本語だと、事柄の成立可能性は「きっと」「必ず」「多分」「おそらく」などの副詞を使って表すこともできますが、先述の例のように、「だろう(でしょう)」や「かもしれない」のような語句を、動詞のあとにつけて表されることもあります。

どちらの方法でも、表す内容についてはそれほどの変わりはありません。ですが、たとえば、「きっと太郎は来ると言うだろう」のような文だと、「きっと」という副詞が、「きっと来る」のように「来る」についての可能性を表しているのか、それとも「きっと言うだろう」のように、「言う」についての可能性を表しているのか、これだけではよくわかりません。

ところが、「言うだろう」のように、述語のすぐあとに「だろう」などの語句をつけるのであれば、「言う」という事柄の成立可能性だけを表していることがすぐにわかりますから、やはりこちらの方法のほうがはっきりしていて、誤解を与える余地が少ないと言えます。

英語でも、certainly, probably, maybe のような副詞と、can, may, must のような助動詞の両方で事柄の可能性を表すことができますが、やはり、動詞のすぐ前に助動詞を置く方法のほうがよく使われます。また、could, might のように助動詞を過去形にすることで、可能性の程度を低めることもできて、助動詞を用いたほうが、細かく事柄の可能性を区別して表すことができるようになっています。

「推量」の「う／よう」「まい」は使われない

国文法では、このような事柄についての重要な性質（専門的には、「モダリティー」と呼ばれます）を表す表現が統一的に取り扱われることはなくて、事柄が成立する可能性を表す働きをもっているいくつかの助動詞が、「推量」とか「推定」を表すものとして、ほかの助動詞と並んで、ばらばらに説明されているだけです。

しかも、「ちがいない」「はずだ」「かもしれない」など、同じ種類の働きをするけれども、助動詞とは言えない表現のことにはほとんど触れられることがありません。そしてその上、最初にあげた問題を見てもおわかりのように、「まい」などという、少なくとも現代の標準語、特に話しことばではまずめったに使われることのない単語が、ほかの助動詞と同列に取り扱われています。

同じように、「推量」を表す働きをすると言われる「う／よう」についても、問題文のような「雪も降ろう」、あるいは「そんなに不節制をすると病気になろう」「いつかは平和な日々も来よう」などという文は、ずいぶん古めかしい感じの文体を使った文章でしか使われません。

もちろん「推量」の「う／よう」「まい」が現れる文章が、全然使われないということはありませんし、明治や大正に書かれた文学作品などであればいくらでも出てきます。ですから、こういう単語について説明するのがいけないというわけでは、もちろんありません。ですが、少なくとも国文法を勉強している生徒たちが、自分で使うことはないのだとすると、「現代の話しことばでは使われない」ぐらいの説明をつけ加えておいてもいいのではないでしょうか。

「らしい」

それでは、とにかく問題文を見ておきましょう。「らしい」は、国文法では「推定」を表す助動詞だとされていて、動詞や形容詞の終止形のあとに来ます。ところが「その人は男だ」のように、名詞が述語になっている場合に「らしい」をあとにつけると、「その人は男らしい」のように、「だ」が消えてしまいます。

ところが一方で、日本語には、「男らしい」「愛らしい」「馬鹿らしい」のような「らしい」で終わる形容詞が、結構たくさんあります。こういう形容詞の一部でしかない「らしい」は、もちろん一つの単語ではないのですから、助動詞ではないのは当たり前です。ところが、こういう形容詞は、見かけ上は「名詞＋らしい」という形になっているので、これだけでは、名詞に助動詞の「らしい」がついているのか、それとも全体として一つの形容詞なのかはわかりません。

このことから、「その人は男らしい」のような文が、主語である「その人」の性質を表しているのか、「その人が男のように見える」のような内容を表しているのかは、この文を見ただけではわからないということになります。

ただ、問題文（1）aの「彼の態度は男らしい」であれば、「彼の態度は男だ」などという言い方はできませんから、この場合の「らしい」は形容詞の一部なのだということがわかります。（1）bの「らしい」は「遠い」という形容詞のあとに来ていますから、明らかに助動詞です。

「だろう」は一つの単語だろう

次に問題文の（2）ですが、国文法では、「来るだろう」にあるような「だろう」は、「断定」の助動詞「だ」の未然形に、推量の助動詞「う」が接続した形だとされています。多分もともとはそうなのかもしれませんが、少なくとも現代語では、「だろう」の「だ」を、「太郎は学生だ」の「だ」と同じなのだとするのはむずかしいと思います。

もし「だ」が断定の助動詞なのだとしたら、「雨が降ろう」の「う」を取り除いても「雨が降る」というちゃんとした文になるように、「バスはもうすぐ来るだろう」の「う」を取り除いた結果の「バスはもうすぐ来るだ」というのも、正しい文でなければならないはずです。ですが、「来るだ」などという言い方が正しくないのはもちろんです（方言ではこういう言い方をするかもしれませんが、標準語ではやっぱり間違った言い方です）。

このことから、「だろう」は、これだけで一つの単語なのだと考えるほうが、ずっといいでしょう。実際、現代の日本語研究では、「だろう」を一つのまとまった単語だとして取り扱うのが普通です。

問題文の（3）の各文で用いられているのは、同じ助動詞の「う／よう」です。先ほどもお話ししたように、「雪も降ろう」などという文が使われるのは、堅苦しいスタイルの文章中なのでして、こういう例を取り上げる問題そのものが、おかしいんじゃないかと思ってしまうのですが、それはともかくとして、国文法では「う／よう」に「推量」と「意志」を表す二つの働きがあるとされています（もう一つ「さあ行こう」のような文に見られる「勧誘」の働きもあるとされますが、これは、「意志」を表す働きから出てきたものだと説明することができます）。

「う／よう」が「推量」と「意志」のどちらの働きをしているのかは、文が表す事柄を、話し手の意志で引き起こすことができるかどうかで見分けることができます。（3）aの文が表す事柄は「もうすぐ雪が降る」ですが、この事柄は主語である「雪」の意志で引き起こすことなど、もちろんできません。生き物ではない「雪」には、はじめから意志などないからです。だから、この「う」は「推量」なのだということがわかります。

他方、「明日早く起きる」という事柄の主語は、この文だけだとはっきりはわかりませんが、「私」だと考えていいでしょう。だとすると、この文が表す事柄は、「私」の意志で引き起こせますから(早く起きる意志があれば起きますし、そのような意志がなければ、起きなくてもかまいません)、「早く起きよう」の「よう」は「意志」を表しているのだとわかります。

このように、事柄を話し手の意志で引き起こせるかどうかで、「う／よう」が「推量」なのか「意志」なのかを区別できます。そして、「推量」と「意志」のどちらが基本かというと、何と言っても、「事柄が起きる可能性がある」というモダリティーの基本を表す「推量」のほうなのだと、考えたほうがよさそうです。

となると、「う／よう」にあるとされている「意志」を表す働きは、この単語がもともともっている働きというわけではなくて、その前にある事柄の性質から出てくるのだということになります。ですから、結局のところは、「う／よう」の基本的な働きは「推量」一つだけでいいと思われるわけです。

事柄の成立可能性の高低を表すための表現

それでは準備ができたところで、「推量」と「推定」のどこが違うのか、についての説明に行きましょう。国語辞典を見てみると、この二つの単語はどちらも「おしはかる」という意味だと説明されていて、普通の日本語の使い方ではあまり区別しないようです。とは言っても、「推定」の助動詞「らしい」「ようだ」と「推量」の助動詞「う／よう」「まい」の働きが同じだということは、もちろんないわけで、文法では推量と推定をきちんと区別しておかなければなりません。

その前に、日本語の話しことばでは、「もうすぐ雪が降ろう」とか「多分雪は降るまい」は、「もうすぐ雪が降るだろう」「多分雪は降らないだろう」と同じ意味ですから、これからは「う／よう」「まい」ではなくて、「だろう」がもつ働きのことを考えていくことにします。

もちろん、「う／よう」と「だろう」の働きがまったく同じというわけではなくて、「う／よう」には、すぐ前にお話ししたように、「意志」を表す働きもあります。ですが、「意志」は「推量」の意味から出てくるのですし、話しことばで「推量」を表すのは「だろう」なのですから、「推量」と「推定」のどこが違うのかを考える時には、「だろう」と「らしい」「ようだ」の違いを見てみるだけでも問題はないわけです。

さて、事柄の成立については、それが完全にホントだと思う場合と、ホントかもしれないなあと思う場合、つまりホントだという可能性があると思う場合の二つに分けられます。日本語では、事柄がホントだと思うときには、「太郎は学生だ」「花子は明日来る」のように、述語のあとには何もつけません。

これは、「太郎は学生ではない」「花子は明日来ない」のような否定文の場合も同じで、否定文が表す事柄が完全にホントだと思うときには、やっぱり「ない」のあとには何もつけません。考えてみると、否定文というのは、肯定文の内容がウソなのがホントだということを表すわけです。ですから、事柄がホントなのかそれとも可能性があるだけなのかを考えるときには、肯定文も否定文も別に違わないわけで、話を簡単にするために、これからは肯定文のことだけを考えることにします。

事柄が成立する可能性があるとされるときには、大きく分けて、その可能性が高い場合と低い場合の二種類があります。ただ、「可能性が高い」「可能性が低い」といっても、それは結局主観的なものですから、確率が何パーセントある、のように具体的な数値で表されるようなものではありません。あくまでも、成立する可能性が大きいほうなのかそれとも小さいほうなのかという、大まかな区別があるだけです。

日本語では、事柄が成立する可能性が高いとされるときには、「にちがいない」という表現が使われますし(もっとも、「にちがいない」は、話しことばではそれほどよく用いられるわけではありません。同じ意味は、「きっと〜だ」「必ず〜だ」のように、副詞だけを使って表されるのが普通です)、可能性が低いとされれば「かもしれない」という表現が使われます。このことは、

「きっと雨が降るにちがいない」「もしかしたら雨が降るかもしれない」のように、同じように事柄の成立可能性を表す副詞の「きっと」や「もしかしたら」を前に置いてみてもわかります。副詞を入れ換えて、「もしかしたら雨が降るにちがいない」や「きっと雨が降るかもしれない」というのは、正しい言い方にはなりません。

可能性があることだけを表す「だろう」「らしい」「ようだ」

ところで、古代ローマで使われていたラテン語では、事柄が完全にホントな場合と、成立する可能性があるだけの場合で、動詞の形がはっきりと区別されていました。事柄がホントだということを表す形は「直説法」、事柄が可能なだけだということを表す形は「接続法」と呼ばれます。英語の直説法と仮定法も、ラテン語ほどはっきりと見分けられるわけではありませんが、同じような意味を区別しています。

日本語でも、事柄が成立する可能性があるだけの場合に、その可能性が高いか低いかをいちいち区別せず、単に可能性があるだけ、という内容を表す単語があったほうが便利です。そして、こういう働きをする単語は日本語にもちゃんとあるのでして、それが「だろう」「らしい」「ようだ」なのです。

「だろう」が事柄が成立する可能性があるだけ、という内容を表すことは、同じように事柄が成立する可能性があることだけを表す「多分」「恐らく」のような副詞と一緒に使って、「多分／恐らく～だろう」のような言い方ができることからもわかります。「多分」「恐らく」は、「多分／恐らく来るにちがいない」とも言えますし、「多分／恐らく来るかもしれない」とも言えますから、可能性が高い場合でも低い場合でも使えるわけです。

ただし、「だろう」は「きっと／必ず来るだろう」のように、可能性が高いことを表す副詞と一緒には使えますが、「もしかしたら／ひょっとすると来るだろう」とはあまり言いませんから、成立可能性が低いことを表す副詞と一緒にはあまり使えないようです。この理由は、実はよくわからないのですが、多分、「可能性がある」という内容は、「可能性が低くはない」という内容を表すことと、関係があるのではないかと思われます。

実際、「あなたは合格する可能性がある」と言われれば、絶対合格とは言えないまでも、油断しなければ合格できるんだろう、と思うはずです。同じように、「あなたは合格するだろう」と言われて、ああ、もうダメなんだ、あきらめよう、と思う人はまずいないわけで、よし、結構見込みがあるんだな、と思うのではないでしょうか。

というわけで、「だろう」が、可能性が低いことを表す副詞と一緒には使われにくいということになるのではないかと思われます。

さて、事柄が成立する可能性があると思うときには、具体的な根拠などなくて、直観だけでそう思う場合と、何らかの根拠をもとにして推論した結果、そう思う場合の二つがありえます。

たとえば、空に輝く太陽を見て、「太陽がすぐ爆発する」可能性があると思うとしたら、それは根拠のない直観的なものです。一方で、空が黒い雲でおおわれたのを見て、「もうすぐ雨が降る」可能性があると思うのだったら、それは根拠のある推測です。ここでどういう形で推測が行われているかというと、まず「空が黒い雲におおわれた」という事実を知ります。そして私たちは、「空が黒い雲におおわれれば、雨が降り出す可能性がある」ということを知っています。知った事実と、あらかじめもっている知識をもとにして、「雨が降り出す可能性がある」ということが推論されるわけです。

「だろう」は、直観的なものでも、根拠をもとにしたものでも、とにかく成立する可能性があると思う事柄を表すために使えるわけでして、「今にも太陽が爆発するだろう」とも「もうすぐ雨が降るだろう」とも言うことができます。

何でこんなどうでもよさそうな区別をしているのかというと、この区別が「ようだ」と「らしい」にとっては大切だからです。

根拠をもとにした推論の結果を表す「ようだ」と「らしい」

「ようだ」と「らしい」は、根拠をもとにして、成立する可能性があると思ったのだ、という内容を表します。実際、「今にも太陽が爆発するようだ［らしい］」という言い方はしません。太陽がこれからしばらくは爆発などしないことを、誰でも知っているわけですから、こういう事柄に根拠などないのがすぐわかるからです。ですが、空が黒い雲におおわれたのを見て、「もうすぐ雨が降り出すようだ［らしい］」と言うのは問題ありません。先ほどお話ししたように、「もうすぐ雨が降る」という推測にはちゃんとした根拠があるからです。

このように、「ようだ」と「らしい」は、ちゃんとした根拠があって、その根拠と自分がもっている知識をもとにして推測した結果、可能性があると判断した事柄を表します。ただし、この場合に使われる知識にも二種類あります。さっきのような、「空が黒い雲におおわれれば、雨が降り出す可能性がある」のような知識は、絶対に正しいとは限りません。空が黒い雲におおわれたからといって、必ず雨が降り出すとは言えません。一方で、「大学を卒業したら学士になる」のような知識は、いつでも正しい事柄です。

いつでも正しい知識があって、たとえば「太郎が大学を卒業した」ということが起こったとすると、必ず「太郎は学士だ」ということになるはずです。このような場合、根拠をもとにきちんとした推論をしているのだとしたら「太郎は学士だ」は、可能性があるのではなくて、完全にホントのことでなければなりません。ある人が大学を卒業して学士になるのは、要するに当たり前のことです。

それなのに、もし太郎が学士なのが可能性にすぎないのだと思うとしたら、結局のところは、根拠などもとにしていないというわけでして、これだと直観的にそう思うのと同じことになります。ですからこの場合には、「ようだ」とか「らしい」を使うとおかしいわけで、使えるのは「だろう」だけになります。実際、「大学を卒業したから、太郎は学士だろう」とは言えますが、「大学を卒業したから、太郎は学士のようだ［学士らしい］」という言い方はできません。

「ようだ」「らしい」を用いる場合の知識は、たとえば、「今財布をもっていなければ、どこかで財布を落とした可能性がある」のようなものです。今財布をもっていないことの原因としては、もちろん財布を落としたこともありえますが、電車の中に忘れたとか、スリにすられたとか、ほかにもいくつかの事柄が考えられます。ですから、財布をもっていないことの原因として、どこかで財布を落としたことを考えるのは、あくまでも可能性の一つとしてそう思うだけです。このことから、「今財布がない。どこかで落としたようだ［らしい］」という言い方ができるわけです。

でもこれだけだと、「ようだ」と「らしい」の区別はできません。それではどこが違うのかというと、可能性があると思う事柄がホントかどうかを、簡単に確かめることができる場合には「らしい」が使えないということなのです。

たとえば、誰かの服に髪の毛のようなものがついているのを見て、「服に髪の毛がついているようだよ」と言うことはできますが、「服に髪の毛がついているらしいよ」とは言えません。服に髪の毛がついているかどうかは、髪の毛だと思われるものを手にとってみればすぐに確かめることができます。

あるいは、教師が生徒の問題に対する答えを見て、「その答え間違っているようだよ」とは言いますが、「その答え間違っているらしいよ」と言うのは、どうも変です。「らしい」を使うと、教師が正しい答えを知らないか、自分で正しい答えを出せないことを意味してしまいますが、一応は、こんななさけない教師はいないことになっているからです。

というわけで、「らしい」だと、可能性があるとされた事柄を確かめにくい場合に使われることになります。友人が自分に冷たい態度をとるのを見て、「あいつは僕のことがきらいらしい」と言えるのは、誰かが自分をきらっているという事柄は、その場で確かめることができないからです。同じように、階段から落ちて足を痛めたときにも「どうも骨が折れたらしい」と言います。足の骨がホントに折れたかどうかは、病院に行ってレントゲンを撮ってもらわなければ確かめることができません。

「ようだ」には、「らしい」にあるような使い方の制限はありません。今のような場合、「あいつは僕のことがきらいなようだ」とか「どうも骨が折れたようだ」と言っても、別におかしくはありません。

事実だとされる知識を使って推論した結果を表す「はずだ」

「ようだ」とか「らしい」だと、推測するために使われる根拠は、絶対に正しいものだというわけではありませんでした。一方で、「大学を卒業したら学士になる」のような、完全にホントだとわかっている知識を使って、きちんとした推論をした結果出てくる、必ず正しいのだとわかる事柄を表すための表現は、「はずだ」です。「水（湯）が沸騰すると一〇〇度になる」という、誰でもがホントだと知っている知識をもとにしていれば、「やかんの湯が沸騰しているから、温度は一〇〇度のはずだ」と言うことができます。

こういう知識は、水の沸騰する温度のような、すべての人にとって正しいとわかっている種類のものでなくても構いません。たとえば、山田君という男について、その男が毎日朝八時に駅のホームに立っているという知識をもっていれば、「今午前八時だから、山田君は駅のホームに立っているはずだ」と言うこともできます。

ただし、数学の問題の答えが間違っているのを知って、「道理で間違っているはずだ、ここで計算間違いをしている」と言う場合もあります。私たちが普通もっている知識は、「あるところで計算間違いをすれば、問題の答えを間違う」というようなものです。ですから、「君はここで計算間違いをしているから、問題の答えは違うはずだ」という言い方なら、いつでも正しいとわかっている知識をもとにした推論だと言えます。

ところが、これとは逆の形をした「問題の答えを間違えば、あるところで計算間違いをしている」という事柄は、いつも正しいとは限りません。答えが間違っている原因としては、計算間違いだけでなく、問題の読み間違いとか、定理の使い方の間違いなどもありうるからです。ですから、「答えが間違っているから、計算間違いをした」という言い方だと、根拠になっている知識はいつでも正しいものだというわけではないのです。

となると、「道理で間違っているはずだ」という言い方で使われている「はずだ」は、先ほどお話しした「はずだ」の性質からすると、違う使い方をされていることになります。ですが、この文が使われた実際の場面に限って言えば、あるところで計算間違いをしたからこそ問題の答えが違ったのでして、それ以外の原因ではないことがわかっています。ということで、この場面に限って言えば、「あるところで計算間違いをすれば、問題の答えを間違う」という事柄は確実にホントです。

「はずだ」を使うための知識は、八時に駅のホームに立っている山田君の場合のように、誰もが知っている普遍的なものである必要はありません。ですから、その場限りの知識をもとにして、あるところで計算間違いをしているという事実から、答えが間違っているという結論を導き出しているとしても、とりあえずは、「はずだ」を使う条件には合っているのだと言えるでしょう。

国文法で、「推量」というのは「だろう」の働きと同じなわけですし、「推定」というのは「ようだ」と「らしい」の働きを言っています。そして、今までお話ししてきたことからもおわかりのように、「推量」というのは、根拠があろうとなかろうと、事柄が成立する可能性があると思ったことを言うのですし、「推定」というのは、何らかの根拠をもとにして、自分がもっている知識を使って推論した結果、成立する可能性があるのだと思ったことを言うのだということになります。

「推定」と「推量」の違いは、ですから大切なものなのですが、国文法では残念ながら、どこが違うのかは全然説明されていません。

しかも国文法では、事柄が成立する可能性を表すための重要な表現である、「にちがいない」「かもしれない」「だろう」「はずだ」などの働きについての説明は、ほとんどありません。日本語ではどうしても使わなければならない、こういう大事な表現のことを説明してくれない文法を学んで、日本語の性質について、一体どんなことが理解できたと言えるのでしょうか。

3 「れる／られる」の教え方は正しいか

問題　次の傍線部の助動詞の表す意味を、「受け身」「可能」「自発」「尊敬」に分類しなさい。

（1）故郷にいる両親のことが思われる。
（2）台風で家の屋根が飛ばされた。
（3）そんな低い垣根なんか、子どもにでも越えられる。
（4）部長が乗られる車が到着しました。
（5）この本はたくさんの人に読まれている。
（6）その子どもはピーマンが食べられる。

解答

（1）自発　（2）受け身　（3）可能　（4）尊敬　（5）受け身　（6）可能

「れる／られる」の働きを区別する方法はあるか

国文法では、「れる／られる」については、「受け身」「可能」「自発」「尊敬」という、四つの働きをする助動詞なのだということしか書いてありません。ホントは、どうしてこんなにいろんな働きがあるのか、ということを説明されてこそ、ああ日本語のしくみがわかったと言えるのですが、その点についてはあとでくわしくお話しします。

まあ国文法の全体が、いろんな事実をただ書き並べただけ、という形なのですから、こういう説明がないのは、いかにも国文法らしいとも言えるわけです。そして、国文法で重視されているのはどんなことかというと、この助動詞の四つの働きを、具体的な例できちんと区別することができるかどうかなのです。

それでは、「れる／られる」のいろいろと違った働きを、どのように区別すればよいかということについての説明があるかというと、これは一切ありません。与えられた文を読んで、どの働きなのかを「直観的」に、もちろん正しく見分けることが求められているだけです。

ところが、自分が見分けた結果がどうして正しいのか、あるいは間違っているのかを説明できないとすると、生徒たちは、この助動詞の性質について一体何を学んだと言えるのでしょうか。結局のところ、「受け身」とか「自発」などという文法用語を、その内容もろくに知らないで覚えただけになってしまいそうです。

では、「れる／られる」の四つの働きは、どのようにして区別されるのでしょうか。まず、「自発」の意味は、日本語では、「思う」「心配する」「案じる」「感じる」のような、思考や感情を表すほんのわずかの動詞に、「れる／られる」が続くときにしか現れません。「私には自分の将来のことが心配されてならない」「人々には春の訪れが感じられた」のような例がそれです。ですから、こういう思考や感情を表す動詞のあとに「れる／られる」が来ていたら、まずは「自発」なんだろうと思えばいいわけです。

問題文の中では、(1)「故郷にいる両親のことが思われる」が「思う」という動詞を使っていますし、「何となく」「自然と」を入れても不自然にならないので（「故郷にいる両親のことが何となく［自然と］思われる」）、この文の「れる」が「自発」を表す働きをしているのだと見分けられます。

この種の動詞は、思考や感情が、その主体の意志とは無関係に生じてくるという性質をもっていますから、もともと「自発」の意味があるわけでして、「れる／られる」は、そういう思考や感情が自然に起こってくるのだということを、改めて確認させるぐらいの働きをしているだけだとも言えそうです。

ただし、こういう動詞に「れる／られる」を続けなければ、「私が自分の将来のことを心配する」「人々が春の訪れを感じる」のように、思考や感情をもつ人間に「が」がついて主語になります。ところが、「れる／られる」が続いていると、思考や感情の主体のあとには「に」が来るのでして、「が」がつくのは思考や感情の「対象」にあたるものです。

考えてみると、ここらあたりの特徴は、「花子が太郎をぶつ」という能動態に対する「太郎が花子にぶたれる」という受動態と同じです。受動態でもやはり、「ぶつ」ほうの人間だった「花子」には「に」がついて、ぶたれる側の人間だった「太郎」のほうに「が」がついています。簡単に言うと、構文の上では、自発でも受け身でも、もともとの主語には「に」がついて、目的語だったモノに「が」がつくようになっているということです。

ということは、思考や感情を表す動詞のあとに「れる／られる」が来ている文では、表面的には、「自発」と「受け身」の違いがわからないということにもなります。このことから、外国人などを対象とする日本語教育の文法では、「れる／られる」に「自発」の働きがあるとはしていません。確かに「自発」と「受け身」の区別はつけにくいのですが、

「私は将来のことを思う」に「ている」をつけて「私は将来のことを思っている」とは言えるのに、「私には将来のことが思われる」を「私には将来のことが思われている」にすることはできません。

「思っている」が表す事柄は、「さっきから思っている」が言えて「さっきから思う」が言えないことからもわかるように、以前から現在まで思考が続いていることを表しています。ですが、「自発」が、思考や感情が自然にわき起こるということを表すのだとすると、そのような思考や感情が、以前からずっと継続しているなどということは、「自然に起こる」という性質とは相いれないものです。

これはどういうことかと言うと、思考などが自然に起こるというのだったら、現在の時点ではじめて、ああ自分にはこういう考えがあるんだな、と気づくわけです。ですから、以前から思考が続いているのだったら、それは今はじめて気がついたということには、なるはずがありません。

これが受け身だと、「花子は昔から太郎に思われている」「その人が犯人なのではないかと、以前から思われている」のように、「ている」をつけて以前からの継続を表すことは普通にできます。ですからやはり「自発」と「受け身」を区別することは必要なのではないかと思うわけです。ただ、文法問題を解いたりするときには、自発と受け身の構文に違いはないので、自然に感情などが起こることをはっきりと意味する、「何となく」「自然と」などの副詞と一緒に使えれば、「自発」なんだと考えるしかないわけです。

「れる／られる」が要求する構文

「れる／られる」が自発を表す働きは、どちらかと言えば例外的なものです。残りの「可能」「受け身」「尊敬」の意味は、大体のところは動詞の種類と構文で区別することができます。

まず、「可能」の意味で「れる／られる」が使われるのは、一段活用の動詞に限られます。動詞が五段活用であれば、この助動詞は「受け身」と「尊敬」のどちらかの働きをするのが原則で、「可能」の意味は、「書ける」とか「泳げる」のような「可能動詞」を使って表すのが普通です（「書かれる」とか「泳がれる」で可能の意味を表すことは、今ではほとんどなくなりました）。

「受け身」の場合、「太郎が花子にぶたれた」「太郎が妻に逃げられた」「太郎が泥棒に財布を盗まれた」「花子が太郎にトップを奪われた」のように、「XがYに～れる」「XがYにZを～れる」という構文をとります。「尊敬」の場合は、「先生がすぐに行かれる」「社長が水を飲まれる」のように、自動詞や他動詞が普通にとる構文と同じ、「Xが～れる」

「XがYを〜れる」という構文になります。

ですから、事柄を表すのに必要な、主語とか目的語などの要素がすべて使われているのであれば、「受け身」と「尊敬」は、構文によってはっきりと区別することができます。ということで、受け身と尊敬は構文を見れば区別できるのだ、と言いたいところなのですが、ちょっと問題があって、日本語だと、文脈で補うことができる場合には、こういう要素を省略することもよくあります。

たとえば、「太郎が財布を盗まれた」だと、誰が財布を盗んだのかは表されていませんが、盗んだのは「泥棒」や「スリ」に決まっていますから、たとえ「泥棒に」とか「スリに」が省略されていたとしても、別に理解に困るということはありません。

そのためこういう文だと、「XがYを〜れる」という構文になっていますから、「社長が水を飲まれた」という文と同じ構文になり、構文しか考えないのであれば、「受け身」でも「尊敬」でもいいことになってしまいます。とは言え、「太郎」のように、敬称もつけないで呼ばれている人間に敬意を払うことはないのが普通ですから、この文での「れる」は「受け身」を表すのだと思えばいいわけです。

一方、「Xが〜れる」のような、「Yを」のない構文であれば、用いられている動詞が「ぶつ」とか「叱る」のような他動詞の場合には、「太郎がぶたれた」とか「花子が叱られた」のような形になります。この構文だと、一応は「受け身」でも「尊敬」でもいいわけです。ですが、さっきと同じように、「太郎」や「花子」が主語で「尊敬」を表すことは普通ありませんし、たとえ尊敬の意味だとしても、「太郎が～をぶたれた」とか「花子が～を叱られた」のように、「Yを」を入れないとちゃんとした文とは言えませんから、こういう場合には「受け身」だと考えてよいでしょう。

動詞が「逃げる」のような自動詞であれば、もし「受け身」だとすると「太郎は妻に逃げられた」のように、実際に逃げた人間が「～に」で表されるのが普通です。ですから、「～に」がなくて「～が逃げられた」だけのときは、「尊敬」を表すのだと考えればよいわけです。

さて問題文だと、(2)「台風で家の屋根が飛ばされた」は「Xが～れる」という構文で、「飛ばす」は五段活用の他動詞ですから、この文の「れる」は「受け身」を表していることがわかります。(5)「この本はたくさんの人に読まれている」は、「XはYに～れる」という形の構文ですから、やはり「受け身」を表しています。

(4)「部長が乗られる車が到着しました」では、「部長が車に乗られる」という文で考えます。この文は、「XがYに～れる」の形の構文になっていて、「乗る」は五段活用の他動詞です。ですが、この文で用いられている「に」は、「乗る」の目的語に当たる「車」につけられていますから、構文としては「XがYを〜れる」と同じ性質のものだと考えることができます。

ただ、この構文だけでは、「れる」が「受け身」と「尊敬」のどちらの働きをしているのかはわかりません。とは言え、「乗る」の主語である「部長」には、敬意が払われるのが普通ですから、「尊敬」を表すのだと考えるのが適当です。

一段活用の動詞に「られる」がついている場合には、「受け身」「尊敬」だけでなく「可能」の意味もあります。「可能」の場合に用いられる構文は、「尊敬」の場合と基本的には同じようなものですが、「Xが〜られる」「XがYを〜られる」だけでなく「Xに〜られる」（「私に起きられる」）、「XにYが〜られる」（「太郎に設定が変えられなかった」）のように、動作の主体を表すために「に」を、対象を表すために「が」を用いることもできます。

問題文（3）の「そんな低い垣根なんか、子どもにでも越えられる」は、「子どもにでもそんな低い垣根が［を］越えられる」という形をしていて、動作の主体を表すのに「に」が用いられています。問題文（6）の「その子どもはピーマンが食べられる」では、「食べる」の対象である「ピーマン」に「が」がついています。ですから、やはり構文的な特徴で、（3）と（6）の「られる」は「可能」を表す働きをしていることがわかります。

「れる／られる」はどうしていろいろな意味を表せるのか

今までお話ししてきたように、助動詞の「れる／られる」がもっている、「受け身」「可能」「自発」「尊敬」という四つの違った働きは、動詞の活用の種類とか構文などを見ることによって見分けることができます。

とは言えやっぱり不思議なのは、どうして一つの助動詞が、一見すると大した関係もなさそうに見えるいろんな働きをすることができるのかということです。もちろん、ほかの助動詞にもいくつかの働きをするものはあります。ですが、たとえば「た」の「過去」「完了」「存続」という三つの働きは、事柄が現在よりも前に終わったという共通の性質から説明できますし、「う／よう」の「推量」「意志」「勧誘」の働きも、結局のところは、「推量」（事柄が成立する可能性がある）という一つの働きから出てきたものだという説明が可能です。

ところが、「れる／られる」の四つの働きは、ちょっと考えただけだと、それほど近い関係などなさそうな気がします。「太郎は花子にぶたれた」（受け身）と「その子どもは服を着替えられる」（可能）の意味は、英語だと Taro was hit by Hanako. や The child can change clothes. のように、全然違う表現で表されます。「昔のことがしのばれる」のような、「自発」の意味を表す特別の表現は英語にはありませんが、この文だと、I cannot but think of the old days.（昔のことが思い出されてならない）のような、やはり受け身とも可能とも違った表現を使って表すことになります。「尊敬」については、英語にはもともと尊敬の意味を表すための、一般的に決まった言い方はありません。

もちろん、英語ではそれぞれ違った形で表現するからといって、「れる／られる」の四つの働きが根本的に異質なものだということにはなりません。ですがそれにしても、「受け身」と「可能」だけをとってみても、この二つに共通の性質がホントにあるかどうかにちゃんと答えるのは、ずいぶんむずかしそうにも見えます。

しかしながら、実際に日本語では四つの働きが同じ助動詞で表されているわけですし、この助動詞の古い形である「る／らる」も、やはり同じ四つの働きをもっていたわけです。となるとやはり、これらの働きの間には、どこかに共通性があるのだと考えるべきではないかと思われます。もし共通性がなかったとしたら、奈良時代から現在までの千年以上もの間、四つの働きが同じ単語で表され続けるというのは、ちょっとむずかしかったのではないでしょうか。

たとえば古語の「べし」（今でも「べきだ」という言い方に残っています）という助動詞は、「〜しなければならない」という「義務」を表す働きと、「〜にちがいない」という「必然性」（事柄が起きる可能性が高いこと）を表す働きをしていました。この二つの働きは、英語で同じmustという助動詞で表されることからもわかるように、基本的には同じ性質をもっていて、「義務」の意味は「必然性」の意味から出てくるものだと説明することができます。「お前は行くべきだ」というのは、もともと「お前が行くことは絶対確実なのだ、決まっているのだ」という意味なのでして、そこから「お前は行かなければならない」という意味が出てくるわけです。

しかしそれでも、「義務」と「必然性」がまったく同じだということはなくて、だからこそ日本語では、古語から現代語へと変わっていく間に、二つの働きを表す表現が、いつの間にか違ったものになったということなのです。

このように、必ずしも無関係とは言えない二つの働きでさえ、一つの単語で表されていたのが、違った二つの言い方で表されるようになっているわけです。だとすると、四つもある違った働きがお互いに関係がないのだとしたら、やっぱり時代がたつうちに、違う言い方に変わっていくのが自然なのではないかと思われます。それなのに、長い間同じ一つの単語で表され続けているというのは、四つの働きの間に、どこか共通の性質があるからなのだと考えていいように思われます。

「受け身」「可能」「自発」「尊敬」に共通の特徴はあるか

それでは、「受け身」「可能」「自発」「尊敬」に、ホントに共通の性質などあるのでしょうか。これに対して、誰からも文句の出そうにない答えを出すのはむずかしいのですが、一応は、「あるものについて、その意志のあるなしに関係なく、ある事柄が自然に成立する」という性質を考えることができるのではないかと思っています。

この性質を「自然性」と呼ぶことにしておきましょう。自然性が最もはっきりとした形で現れているのは、もちろん「自発」の働きで、「れる／られる」の基本的な意味が「自然性」だとしたら、「主体が思考や感情などを自然にもつようになる」という自発の働きを、この助動詞がもつのは当然でしょう。

それからまた、ある人に関わる事柄について、それを直接的に表現しないことで敬意を表すのはよくあることです。たとえば古語だと、「死ぬ」という直接的な言い方ではなくて、見えない場所に行くという意味を表す「隠れる」という表現で、ある人に対する敬意を表していました。現代語でも、聞き手のいる場所を表す「そちら」という単語で、聞き手自身を指し、その人に対するある程度の敬意を表すことがあります。

このことから、ある人について、ある事柄が自然に成立するという言い方をすれば、その人に対する敬意を表すことができるのだと考えることができます。となると、「れる／

られる」の尊敬の意味も、「自然性」という性質から説明できそうです。日本語では、「お〜になる」という言い方でも、尊敬を表すことができますが、ここで使われている「なる」という動詞は、事柄が自然に成立するという意味を表します。また九州方言では、「行きなる」「食べなる」のように、動詞に「なる」を続けた形で、やはり尊敬を表す働きをしています。

次に、あるモノについて、それが主体になっている何らかの事柄が、自然に成立するとします。その場合、その事柄が成立するためには、そのモノが事柄を成立させるための能力をもっていなければなりません。たとえば、「太郎が朝早く起きる」という事柄が自然に起きるためには、もともと太郎に「朝早く起きる」能力が備わっている必要があるのでして、もし太郎にその能力がなかったとしたら、太郎が朝早く起きることが自然に成立することはありえません。

というわけで、「れる／られる」に「自然性」という基本的な意味があれば、「可能」の意味も表すことができるものと理解されます。日本語では他にも、「できる」という動詞を使って、「太郎は泳ぐことができる」という可能の意味を表せます。「泳ぐことができる」というのは、「泳ぐという事柄が成立する」という意味なわけですから、「太郎について、泳ぐという事柄が成立する」という言い方で、太郎が泳ぐ能力をもっていることを表していることになります。

などと説明しましたが、多分おわかりのように、これはだいぶ無理のある説明です。なぜならば、あるモノがある事柄を成立させる能力をもっているからといって、その事柄が自然に成立するとは限らないからです。ある人が泳ぐ能力をもっているとして、その人が自然に泳ぎ出すことは、普通はありません。ですから、あるモノについてある事柄が自然に成立するという性質から、それがその事柄を成立させる能力をもっているという性質があるのだと主張するとしたら、それは言い過ぎというものです。

多分こういった理由と、「れる／られる」の働きが少し多すぎることもあって、「可能」だけを表すための「泳げる」「書ける」のような「可能動詞」が作られたのではないかと思われます。ただし、このような「可能動詞」は、「泳ぐ」「書く」のような五段活用の動詞をもとにしたものしかなく、「見る」「食べる」のような一段活用の動詞をもとにしたものはありませんでした。とは言っても、五段活用と一段活用の区別は形だけのもので、表す意味の性質には別に変わりはありません。このことから最近になって、「見れる」「食べれる」のような、一段活用の動詞をもとにした可能動詞が作られるようになったのだと考えられます。

それでは、「受け身」の働きはどうでしょうか。受け身というのは、「XがYに～する」

という内容の事柄を、XではなくてYのほうを主語にして表すというのが基本でした。「花子が太郎をぶつ」という文では「花子」が主語になっていますが、同じ事柄を「太郎」を主語にして表したければ、「太郎が花子にぶたれる」という受け身の形になるわけです。

受け身がこのような性質の内容を表すのだとすると、それは「自然性」とは無関係なようにも思われます。これだけだと確かにそうなのですが、日本語には、「太郎は娘に家出された」のような、自動詞を使った受け身文があります。

こういう文が表す事柄だと、「太郎」という人間について、その意志とは無関係に、「娘が家出する」という事柄が成立したのだと考えることができます。実際、誰でも娘には家出などされたくないわけでして、太郎が思ってもいなかったのに、いつの間にか娘が家出していたというのが、この文の表している内容だとしていいでしょう。

こう考えるとすれば、「太郎は花子にぶたれた」という文も、太郎について、「花子が太郎をぶつ」という事柄が、太郎がそうしてほしいとは思っていなかったのに、起こってしまったのだと理解すればいいわけです。同じように「太郎は財布を盗まれた」という文でも、太郎について、望みもしないのに、「誰かが太郎の財布を盗む」という事柄が成立したというとらえ方をすることができます。

というわけで、日本語に「太郎は娘に家出された」のような、自動詞をもとに作られた受け身文もあるということから、「れる／られる」の受け身の意味も、やはり「自然性」という基本的な働きから説明できるというわけです。

「迷惑の受け身」

ところで、「太郎は娘に家出された」とか「太郎は花子に泣かれた」のような、自動詞から作られる受け身というのは、国文法ではまったく触れられることはありませんが、日本語の受け身がもつ重要な特徴です。英語だと、受動態になるのは他動詞だけですし、日本語と文法がよく似ている朝鮮語・韓国語でも、自動詞をもとにした受け身はありません（ただし、中国語では自動詞をもとにした受動態だと考えることができる文が、使い方に制限はあるものの、作ることはできるということです）。

このような自動詞をもとにした受け身は、「太郎は泥棒に財布を盗まれた」のような、「XはYにZを～された」という構文の受け身文と性質は同じです。「太郎は花子に泣かれた」だと、泣くという動作の対象が太郎だということではありません。同じように、「太郎は泥棒に財布を盗まれた」でも、「盗まれた」のは主語の「太郎」ではなくて、「財布」のほうです。

さて、「太郎は花子に泣かれた」のような受け身は、普通は、花子が泣くことによって太郎が迷惑したという意味合いが出てくるため、「迷惑の受け身」と呼ばれたりします。普通の受け身だと、「太郎は花子にぶたれた」のような場合であれば、これは確かに迷惑でしょうが、「太郎は花子に感謝された」であれば、逆にうれしいことなのですから、受け身一般に迷惑の意味合いがあるというわけではありません。

それでは、「泣かれる」とか「財布を盗まれる」のような受け身には、どうして迷惑だという意味合いが出てくるのでしょうか。

「太郎は花子に泣かれた」のような受け身文だと、もともとは「花子が泣く」ということが起こったということで、その中に「太郎」という人間が入り込む余地はありません。それをわざわざ「太郎」に関係する事柄として一つの文にまとめたのが、この受け身文です。ということは、「ぶつ」のような他動詞をもとにした普通の受け身文にくらべて、「太郎」という人間と「花子が泣く」という事柄を結びつけなければならない、特別の事情があったのだということとなわけです。

そして、「れる/られる」は基本的な性質として、事柄が誰かの意志に関係なく「自然に」起こったのだということを表しているのでした。そうなると、「花子が泣く」という事柄と「太郎」を結びつける特別の事情というのは、この事柄が太郎の意志とは無関係に、いつの間にか起きてしまったということなのだろうな、と想像されることになります。

一方、事柄が誰かの意志に関係なく自然に起こるということは、別の見方をすれば、その誰かが、その事柄が起こることを期待していなかったことを意味します。

そして、私たちが起こるだろうと期待する事柄は、普通は私たちにとって有利な状況をもたらすものなのでして、不利な状況をもたらすものではありません。このことから、誰かが起こることを期待していない事柄が、その人の意志とは無関係に起きたのだとすれば、それは不利な、悪い状況をもたらすのだと解釈されやすいことになりそうです。

たとえば、花子が来るだろうということを、太郎は全然予想していなかったとします。そういう場合に、太郎の知らないうちに、花子が太郎のところに来ていたとすると、太郎には花子に会う心の準備も実際の支度もできていないのですから、太郎にとっては迷惑なんじゃなかろうかと、私たちは思うだろうというわけです。

多分こういう理由もあって、「花子に泣かれた」とか「財布を盗まれた」のような、ちょっと特別の受け身文には、どちらかと言うと迷惑の意味合いがあるのだと解釈されるのが、普通になったのではないかと考えられます。ただし、「花子はレポートを教授にほめられた」や「太郎は怪我をした腕に包帯を巻かれた」のように、この種の受け身文でも迷惑の意味合いをもたないものもあります。ですから、こういう特別の受け身文には、もともと迷惑の意味合いがあるというのでもなくて、あくまでも、私たちがこういう受け身文の意味を理解しようとするときに、事柄が迷惑なのだと思いやすいということなのだろうと考えたほうがよさそうです。

「れる／られる」が「自発」の意味を表すのは、ほんのわずかの動詞だけですし、「可能」の意味は、今では「泳げる」とか「食べれる」（「ら抜きことば」と呼ばれて非難されますが、話しことばでは普通です）のような可能動詞を使って表されるのが普通になっています。「尊敬」の意味も、きちんと表したければ、「いらっしゃる」「召し上がる」のような敬語を使うほうがいいわけです。

となると、日本語でこの助動詞がもっている一番大事な働きが「受け身」だということになります。そして日本語の受け身は、ほかのいろんな言語と比べても、幅広い条件で使われることができるという特徴をもっています。日本語より受け身を使う条件が限られている英語の文法でさえ、「受動態」は重要な項目として取り扱われているのに、私たちの国文法では、一つの助動詞の、さらにいくつかの働きの一つとしてさらっと説明されているだけです。本当に勉強する価値のある文法として国文法を変革するとしたら、まず「受け身」のことを真剣に考えてほしいものです。

第四章

助詞が「助ける」もの

1　「格助詞」の「格」とはどういう意味なのか

問題　次の各文で傍線を付した格助詞は、文中でどんな働きをしているか。適当なものをア〜クから選びなさい。

（1）倉庫から(a)赤い印の(b)ついた箱を(c)もってきて下さい。
（2）私と(a)弟は東京へ(b)新幹線で(c)行った。
（3）高いビルの(a)屋上に(b)観覧車が(c)見える。

ア　主語　イ　述語　ウ　連体修飾語　エ　連用修飾語　オ　独立語　カ　並列語
キ　補助語　ク　接続語

解答
（1）aエ　bア　cエ　（2）aカ　bエ　cエ　（3）aウ　bエ　cア

格助詞がもつとされる働き

国文法で「格助詞」と呼ばれている単語は、「が」「を」「に」「の」「で」「と」「から」「より」「や」の九つです。格助詞は名詞のあとに来て、単語と単語の間の関係を表す単語だとされ、その働きは「主語」「連用修飾語」「連体修飾語」「並列語」の四つだとされます。「主語」と「連用修飾語」は、名詞が述語とどんな関係なのかを表していて、「連体修飾語」と「並列語」は名詞と名詞の間の関係を表しています。たとえば、「太郎が来る」の「が」は、述語の「来る」に対して、「太郎」という名詞が「主語」だということを表していますし、「花子が太郎に手紙を書いた」であれば、「に」や「を」は、名詞が「連用修飾語」であることを表すとされます。

一方で、「太郎の本」の「の」であれば、これは、「太郎」と「本」という二つの名詞の間の関係を表していて、「太郎」は「本」に「かかっていく」のだから、「連体修飾語」を表す働きをしていると言われます。また、「パンと牛乳」であれば、「パン」と「牛乳」は並列されているから、「と」は「並列語」を表す働きをしていることになります。

国文法で教えられるのはこの程度だけで、文法で出される問題もその範囲の知識や理解だけを前提とするものです（もっとも、助詞についての出題の中心は、与えられた助詞が、「格助詞」「副助詞」「接続助詞」「終助詞」のどれに分類されるのかを問うものが中心です）。

「連用修飾語」はわかりにくい

「主語」「連用修飾語」とは一体どんな働きを意味するのかということについては、主語というのは、「何がどうする、何がどんなだの『何』に当たる」という程度の説明ですし、連用修飾語だと、「述語の文節にかかる」と書かれているだけです。それ以外には、国文法ではほとんど何の説明もありません。もちろん、これだけで主語とか連用修飾語がどんなものなのかについて理解しろと言われても、まず無理です。まあ、主語の説明に「何が」とあるので、主語には「が」がつくんだろうな、ということがわかるぐらいでしょうか。

これが連用修飾語だと、「述語の文節にかかる」などと言われても、大体「かかる」というのがどんな性質なのかの説明もないわけですから、主語よりももっとわかりません。ですから、連用修飾語というのは、主語でもないし、残りの「連体修飾語」や「並列語」でもないということから、見分ける以外にはないことになります。

それでは「連体修飾語」はどうかというと、「名詞にかかる」という、やっぱり同じようにぼんやりした説明で片づけられています。ただ、「太郎の本」であれば、「太郎の」と「本」の関係は、「むずかしい本」という表現の、「むずかしい」と「本」の関係と同じだろうということは、何となくわかります。ですから、「むずかしい」のような形容詞が名詞を修飾するのだとしたら、「太郎の」のような「名詞＋の」も名詞（＝体言）を修飾していて、だから「連体修飾語」と呼ぶことができるのだろうと思われます。

「並列語」は、「肉と野菜」とか「タイやヒラメ」のような表現であれば、名詞と名詞が「並んでいる」ことが直観的にもわかりますから、「と」や「や」が名詞のあとに来ている場合の働きを指しているのだということがわかります。

と言うわけで、「連用修飾語」というのは、主語ではなくて、名詞を修飾したり、名詞と名詞を並べたりしているのではない働きをしているものを指すと考えればいいわけです。主語が「が」によって、連体修飾語が「の」によって、並列語が「と」または「や」によって表されるのだとすれば、残りの「を」「に」「で」「から」「より」がついていれば連用修飾語なのだ、と覚えておくことで、とりあえずは何とかなりそうです。

この基準を頭に入れて問題を見てみましょう。(1)「倉庫から赤い印のついた箱をもってきて下さい」では、まず「から」があって、これは連用修飾語を表すのだろうと思われます。実際「倉庫からもってくる」のように、「倉庫から」は述語の「もってくる」に「かかる」ような気がします。

次の「の」は、先ほどの基準に従うとすると、「連体修飾語」を表すことになります。ですが、「赤い印の」のあとに来ているのは、名詞ではなくて「ついた」という動詞です。

ここで、先述の基準がいつも正しいわけではないことがわかるわけですが、この「の」は「赤い印がついた」のように「が」に置き換えることができますから、「主語」を表しているのだとわかります。三番目の「を」は、すぐあとに「持ってきて下さい」があるので、やはり動詞に「かかって」いて、連用修飾語を表しています。

(2)「私と弟は東京へ新幹線で行った」では、まず「と」が「私と弟」のように二つの名詞を並べていますから、「並列語」を表す働きをしています。次の「へ」と「で」は、「東京へ行く」「新幹線で行く」のように、どちらも述語動詞の「行く」につながっていくと考えてよさそうですから、「へ」も「で」も「連用修飾語」を表す働きをしています。

(3)「高いビルの屋上に観覧車が見える」にある最初の格助詞の「の」は、(1)の場合とは違って、期待通り後ろに「屋上」という名詞がありますから、基準にしたがって「連体修飾語」を表す働きだとすればよいことになります。残りの「に」と「が」も、基準をそのまま当てはめて、「に」は「連用修飾語」、「が」は「主語」を表すということになります。

「格助詞」とは何か

主語とか連体・連用修飾語の働きがわかるためには、助詞、特に格助詞には一体どんな性質があるのかを、ちゃんと理解しておかなければなりません。これからその説明をしましょう。

助詞のうちで、文の最後に来るのは「終助詞」、文の最後ではないけれども述語のあとに来るのが「接続助詞」です。終助詞と接続助詞は、文中のどの位置で使われているのかを見ればいいので、分類としてはわかりやすいと言えます。残りの助詞のうち、原則として名詞のあとにしか来ないのが「格助詞」で、名詞のあとに来ることもできるけれども、動詞、形容詞、副詞などのあとに来ることもできるのが「副助詞」です。

「今日は天気がいいね」の「ね」は、文の「終わり」に来るから「終助詞」、「風邪をひいたので、学校を休んだ」の「ので」は、「風邪をひいた」と「学校を休んだ」という二つの文を「接続」しているので、「接続助詞」という名前がついているのはよくわかります。ですが、名詞のあとに来る助詞は、どうして「格」助詞などという名前で呼ばれているのでしょうか（「副助詞」の「副」は、「副詞」の「副」と同じで、「いろいろな働きをしていて、それらの働きを統一的に説明するのはむずかしそうだ」と文法学者が考えた時につけられる名前のようです）。

名詞が表すモノは、事柄の枠組みの中でいろいろな働きをします。たとえば「食べる」という動詞が表す事柄の枠組みであれば、一番大切なのは、その事柄を成立させる「主体」、簡単に言えば実際に何かを食べる人、です。主体の次か、主体と同じくらい大切なのが、主体が食べるという動作の「対象」、これも簡単に言えば、食べられる「モノ」、です。「食べる」という事柄がきちんと成立したのだということがわかるためには、最低限この「主体」と「対象」が表されなければなりません。

ですがそれ以外にも、誰かが何かを食べるという事柄は、どこかの「場所」で起きるのですし、食べるために、箸とかナイフやフォークなどの「道具」が使われることもあります。それからまた、一緒に何かを食べる「同伴者」がいることもあれば、食べることの「原因」あるいは「目的」となったことがあるかもしれません（「おなかがへった」とか「これから長時間仕事をする」などの事柄が、食べる原因や目的の一例です）。

このように、事柄が成立することに関係するモノの働きとしては、いろいろなものが考えられます。こうした働きは、コトバであれば何らかの方法で表さなければならないのですが、その方法としては、日本語のように、「が」や「を」などの特別の単語を使うこともあれば、英語や中国語のように語順を用いることもあります。英語でMary ate chocolate.（メアリーはチョコレートを食べた）であれば、動詞ateの前にある名詞のMaryは「主体」で、動詞のあとにある名詞のchocolateが「対象」になります。

というわけで、主体とか対象のような、モノの働きを表すのが、日本語の格助詞の「が」や「を」だということになるわけです。ですが、ここまでわかったとしても、どうして「格助詞」などという名前がついているのかは、まだ全然わかりません。

「格」の名前はどこから来たか

「格」というのは、実はヨーロッパ諸言語の文法で使われている用語です。大体のところ、私たちが学校で勉強する「文法」で使われる用語についての考え方は、ほとんどがヨーロッパの諸言語の文法で言われていることをもとにしています。そして、ヨーロッパ諸言語の文法はすべて、ヨーロッパの古典語であるギリシア語とラテン語の文法に起源があります。

ギリシア語やラテン語では、「主体」や「対象」などの働きを、名詞が形を変えること、つまり名詞の活用によって表していました。とは言っても、名詞の活用形がたくさんあると覚えにくいし、同時に使いにくくもありますから、活用形はギリシア語では四つ、ラテン語では五つだけでした（実は他にもちょっとあるのですが、あまり使われませんでしたから、ここでは除いておきます）。

こういう四つとか五つとかの活用形のことを、ギリシア語やラテン語の文法では「格」と呼んでいたわけです（ギリシア語ではptosis、ラテン語ではcasus、英語ではcaseと呼ばれ、これを日本語に訳したのが「格」です）。ラテン語だと、「主格」「対格」「与格」「奪格」「属格」という五つの格がありましたが、ギリシア語には「奪格」はありませんでした。

格というのは、ですからもともとは、名詞が活用するコトバの文法で用いられるはずのものです。日本語の名詞は活用などしないのですが、日本語の「が」「を」「に」などの助詞も、ギリシア語やラテン語の格と同じように、事柄の中での名詞の働きを表しますから、こういう単語を「格助詞」と呼ぶようになったわけです。

というわけで、日本語の文法の「格」という用語は、「が」とか「を」のような助詞を呼ぶためにつけられた名前だということになります。となると、日本語には格助詞と同じだけの数の格があるわけで、実際、現代の日本語学では「が格」「を格」「に格」などという用語が用いられています。

ただ、ラテン語の「主格」は、名詞が「主体」だということを表しますし、「対格」だと名詞が対象だということを表すのが普通です。つまり、格の名前を見れば、それがどんな働きをするのかがわかるようになっているわけですが、「が格」や「を格」のような、助詞のあとに「格」をつけただけの名前だと、どんな働きをするのか全然予想がつきません。

こういう名前のつけ方は、たとえば日本語の時制を「過去時制」と「非過去時制」ではなくて、「た時制」と「る時制」と呼んだり、「受動態」を「られる態」などと呼ぶようなものです。別にそれでひどく困るということはないにしても、一般的な文法用語の名前としてはちょっと変わった感じがするので、日本語文法を外国人の研究者に知らせるような場合には、何となく申し訳ないような気もします。何かもっと、名が体を表すような名前を考えることはできないものだろうかと、思ったりもするわけです。

「格」の働き

さてそれで、「格」というのはモノの働きを表すわけですが、モノの働きとしては、先ほどお話しした「主体」「対象」「場所」「道具」など以外にも、「〜に向けて」(方向)、「〜に対して」(対立)、「〜として」(資格)、「〜について」(関連)、「〜の代わりに」(代理)、「〜にもかかわらず」(逆接)など、たくさんのものが考えられます(「方向」「資格」などの名前は私が一応つけたもので、こういう名前が文法用語として定着しているわけではありません)。

ということは、名詞の働きの数は格の数よりも多いのですから、格だけでは名詞のいろいろな働きを全部表し分けることはできません。ですから、格だけでは表せない働きを表すために、ラテン語のような言語でも、英語と同じような前置詞がいくつも使われます。ですがやはり、格によって名詞の働きを表すのが基本なのですから、一つの格が複数の働きを表すことも珍しくはありません。たとえばラテン語の「奪格」は、「道具」とか「分離(〜から)」とか「原因」などの、いくつかの働きを表していました。

日本語の格助詞についても、同じように、一つの格助詞がいくつかの働きをするのが普通です。冒頭の問題についての説明をしたときにお話ししたように、格助詞の「の」は「太郎の本」に見られるような「所有」の働きを表すだけではなくて、「赤い印のついた箱」の場合であれば、同じ「の」が「主体」を表す働きをしていました。

これが「に」となると、「机の上に本がある」の場合には「場所」ですし、「駅に着く」であれば「到着点」、「花子に手紙を書く」であれば「受け手」、「七時に起きる」であれば「時点」、「医者になる」であれば「変化の結果」を表すというように、ちょっと見ただけだと無関係のような気もする、いろいろな働きをしています。

とは言っても、一つの格助詞が、お互いに何の関係もない、いろいろな働きをもっているというのも考えにくいことです。もし本当に何の関係もなかったとしたら、もっと関係のある他の格助詞を使うか、「〜として」「〜の代わりに」のような、格助詞と他の単語を組み合わせて、表す意味をもっとくわしくした表現を使うようになっていたはずです。

たとえば、「から」には、「大阪から来る」に見られる「起点」を表す働き、「資金不足から倒産した」に見られる「原因」を表す働き、「酒は米から作られる」に見られる「材料」を表す働きがあります。こういう働きは、全然無関係というのではなくて、どれも「起点」を表す働きをもとにして説明できます。

ある事柄Aが成立する前に別の事柄Bが成立していて、BがAの「原因」となっているのだとすると、Bが起きたあとでAが起きたのですから、全体としては、Bに始まってAに終わるという事柄があったのだと考えることができます。こうすれば、Bが「起点」なのだと考えてもおかしくはありません。それから、Aというモノがあって、BがAの「材料」なのだとすれば、ここでもBに始まってAで終わる、モノが変化する過程を考えることができます。そうするとやはり、そういうモノが変化する全体の中では、Bが「起点」なのだと考えることができるわけです。

というわけで、格助詞の「から」がもつ基本的な働きは「起点」で、その働きが、「原因」や「材料」を表す働きにも拡大しているのだと説明できるわけです。

「の」は二つのモノに関係があることを表す

「の」であれば、「太郎の本」では「所有」を表す働きをしていますが、「太郎の合格」「道路の建設」「資料の一部」「三冊の本」などだと、所有以外の働きを表していることは確かです。「の」の場合は、「名詞＋の＋名詞」という形で使われますから、この格助詞は、二つのモノの間に何らかの関係があることを表しているのだろう、ということはわかります。

ただ、この関係というのはいろいろありそうですから、「の」の基本的な働きとしては、とにかく二つのモノの間に何らかの関係があるのだ、ということを表すだけだと考えておいたほうがよさそうです。それが具体的にどのような関係なのかは、二つのモノにどのような性質があるかで決まってくるのだ、と考えればいいわけです。

「太郎」と「本」の間に何らかの関係があるとすれば、普通は太郎が本を「所有」しているということですが、「夏目漱石の本」であれば、もちろん夏目漱石がもっていた本という意味もありますが、普通は、夏目漱石が書いた本という意味にとられます。夏目漱石が作家だということは誰でも知っているので、「夏目漱石」と「本」の間に関係があるとすれば、「夏目漱石が本を書いた」ということがすぐに思い出されるからです。

これが「太郎の作文」であれば、太郎が作家でなくても、「太郎が作文を書いた」という事柄なら普通に起きるわけですから、この言い方でも「太郎が書いた作文」を表すのだと解釈されることになるでしょう。

「の」が、二つのモノの間に関係があることを表す働きをするのだとすると、「雨の降る日」のような、名詞を修飾する節の中にある場合だけ、「の」が「主体」を表す働きをすることも理解できます。要するに、「雨の降る日」だと、最初に「雨」という名詞があって、あとには「日」という別の名詞があるわけです。ですから、その二つの名詞が表すモノの間に関係があることを表す「の」が使えるということです。あとに「日」がなければ、「雨の降る」だけになってしまい、あとに名詞がありませんから、二つの名詞を結びつける「の」が使える条件にはなっていません。

「に」は事柄の全体が成立する場所を表す

「に」についても、この助詞が表す「到着点」「受け手」「結果」の働き（「到着点」は「東京に行く」、「受け手」は「花子に贈り物をわたす」、「結果」は「作家になる」のような言い方に見られます）に、共通点を見つけるのはむずかしくありません。「受け手」は、モノが移動する到着点だし、「結果」も、事柄が変化することによって生じた、事柄の到着点だと見なすことができるからです。ところが、「に」にはほかに、「時点」と「場所」を表す働きがあるのですが、これだと「到着点」では説明しにくそうです。

ここで、「七時に起きる」の「に」が表す働きを考えてみると、「に」は「時点」を表しています。ですがもっとくわしく見ると、「誰かが起きる」という事柄が全体として起きる「時間的な場所」を表しているのだと考えることができます。ところが、「太郎が本を一冊読む」という事柄になると、「太郎は七時に本を一冊読んだ」という文は、ちょっと言いにくいわけです。

この理由は、「太郎が本を一冊読む」という事柄の全体が「七時」という一瞬の間に起きることは、普通はまずありえないからなのだと思われます。というわけで、「に」には、事柄が全体として起きる時間的な「場所」を表しているのだと考えてよさそうです。

それから、「机の上に本がある」のような「存在」を表す事柄の場合にも、「に」が使われます。この事柄は一瞬で終わるということはありませんから、先ほどの「七時に起きる」とは違うような気がします。

ですが、あるモノがある場所に存在していれば、それがどれくらい長い間続いたとしても、その間の各瞬間でも同じように存在しているわけです。ということは、こういう事柄の全体とその部分は同じだということになります。ですから、こういう場合の「に」についても、事柄の全体が起きる「場所」を表す働きがあるのだと考えていいでしょう。

ここで、「花子が駅に着く」という、「に」が「到着点」を表している事柄のことを考えてみましょう。この事柄の枠組みは「誰かがどこかに着く」という形になっていて、「誰か」という主体を与えるのが「花子」で、「どこか」という場所を与えるのが「駅」です。それで、「花子がどこかに着く」という事柄は、瞬間的に起きる事柄ですから、「駅に」というのは、この事柄の「全体」が起きる「場所」を表していることになります。

ですから、「花子が駅に着く」という場合の「に」も、事柄の全体が成立する場所を表しているということになります。考えてみると、「到着点」というのは、何らかの移動や変化を表す事柄が完成する場所だと見なすことができますから、「到着点」を表すことも、「事柄の全体が成立する場所」を表す働きの一種だと考えていいと思います。

ということで、「に」が表す「到着点」「時点」「場所」という三つの大きな働きは、「事柄の全体を成立させる場所」という、一つの共通した特徴をもっているのだと考えることができるわけです。

「主語」と「連用修飾語」の違い

格助詞の働きがわかったところで、「主語」と「連用修飾語」の違いのことを考えてみましょう。国文法では、主体を表す「が」の働きを「主語」とし、「の」以外の格助詞の働きを「連用修飾語」としています。連用修飾語は、「学校に行く」であれば、「学校に」という文節が「行く」という文節に「かかる」などと言われています。「かかる」というのは、要するに「修飾する」ということで、修飾するというのは、ある単語が表す内容を限定するという働きのことです。

「学校に行く」の場合、「行く」という動詞が表す事柄は、「行く」だけだと「誰かがどこかに行く」というまだ不十分な内容を表しているだけです。事柄として十分なものになるためには、「誰か」を表す人間と、「どこか」を表す場所が具体的に表される必要があります。その「どこか」を表すのが「学校」で、これに「に」をつけて「学校に」とし、これを文の成分にして「学校に行く」とすることで、「行く」が表す事柄の内容をさらに限定していることになります。

こう考えれば、「行く」という動詞は「用言」の仲間ですから、「学校に」は、用言を修飾する連用修飾語なのだと言えるでしょう。ですがそうすると、学校に行く主体を、たとえば「花子」だとして、「花子が学校に行く」のように文を完成させても、やっぱり「花子が」は「行く」の内容を、同じように限定していると言えるわけですから、「花子」も連用修飾語だと考えていいことになりそうです。実際、「花子が行く」のような表現でも、「花子が」は「行く」に「かかる」のだと言ってもいいような気もします。

ですが国文法では、「が」がついている名詞は、あくまでも「主語」なのだと教えています。そして、主語というのは「何がどうする」「何がどんなだ」の「何」に当たるもののことです、と説明されているわけですから、結局のところ「が」がついた名詞を主語だと覚えろと言っているだけで、「主語」とは一体何なのかということについては、全然説明していないのと同じです。

「主語」の働き

ただ、主語とは何かということについては、日本語文法の研究者たちの間でも、意見が一致しているというわけではないので、学校で教える文法で、主語とはこれこれなのだ、と断定的に言うのはまずいだろうとされたのかもしれません。とは言っても、他のところでは、「文節」のような問題のある定義を堂々と書いているのですから、主語についても、もうちょっとは具体的に定義しておいてもよかったのではないかとも思えます。

主語とほかの連用修飾語は、動詞が表す内容を限定しているという点では、確かに共通した性質をもっています。ですが、だからと言って、主語とほかの連用修飾語を同じ資格をもつものとして取り扱うことにも、問題があります。

それはどうしてかというと、主語として選ばれている名詞が表すモノは、事柄そのものを決めるという、ほかのモノとは違った、もっと大切な働きをしているからなのです。たとえば、「太郎」と「花子」という二人の人間がいて、太郎から花子へ「花」が移動するということが起こったとしましょう。この場合、「太郎」を主語として選ぶとすれば、「太郎が花子に花をあげた」という文になります。つまり、「太郎」が主語になることで、「あげる」という動詞が選ばれているのだということです。

逆に「花子」を主語として選べば、「花子が太郎に花をもらった」のように、「もらう」

という動詞が使われます。それからこの場合には、「花」を主語にすることもできて、そうすると「花が太郎から花子に渡った」のように、「渡る」という動詞が選ばれます。

もう一つ違う例をあげておきます。やはり「太郎」と「花子」がいて、太郎の意志で、太郎の手が花子の身体のどこかに触れるということが起こったとします。この場合、「太郎」を主語にすると「太郎が花子にさわった」という文になりますし、「花子」を主語にすると「花子は太郎にさわられた」という文になります。ここでは、「さわる」という同じ動詞が使われてはいますが、「太郎」が主語だと「さわる」という能動態になりますし、「花子」が主語だと「さわられる」という受け身の形になります。つまりこの場合には、主語が「太郎」か「花子」かで、動詞がどんな形になるのかが決まってくるということになります。

このように、主語は、文でどういう動詞が使われるかを決めるという働きをしていて、動詞が決まってこそ、文が表す事柄が一体どんなものなのかがわかるのですから、主語と連用修飾語では、文の中での重要性の、それこそ格が違うのだとも言えます。ですから、動詞の表す内容を限定するという働きは同じだとしても、主語と連用修飾語を区別しておくことに意味はあるわけです。

というわけで、主語と連用修飾語をちゃんと区別している国文法は、この点ではきちんと本質をとらえていると言ってよさそうです。とは言っても、国文法のどこを読んでも、主語と連用修飾語をどうして区別する必要があるのか、などということについての説明はありません。ここでも生徒たちは、「が」がついた名詞が主語、それ以外の格助詞がついていて、述語に「かかる」のが連用修飾語だという内容を、頭から覚えさせられるだけです。名詞の働きにはどんなものがあるのか、そして日本語ではそれらの働きがどう表されるのか、といったコトバとして大切な性質を取り扱うべきところなのに、格助詞が何かを覚えただけでほとんど終わってしまうというのは、何とも悲しいことではないでしょうか。

2 「は」はどうして「副助詞」なのか

問題　次の文中の傍線部「でも」と文法的な性質が同じものを、あとのア〜オから一つ選びなさい。
（高知学芸高校の入試問題）

何だか雨でも降りそうな気配だ。

ア　海外でも話題となっている。
イ　それほど親密でもない様子だ。
ウ　転んでもただでは起きない。
エ　お茶でも飲んでいきませんか。
オ　人が言うほど悪い人でもない。

解答　エ

「副助詞」の正体は国文法ではわからない

「副助詞」は、国文法では「いろいろな単語に接続していろいろな意味をそえる」助詞だとされています。もちろんこんな説明で、副助詞とは何かということがわかるわけはありません。「格助詞」は名詞のあとだけ、「終助詞」は文の最後、「接続助詞」は文の最後以外で述語のあと、という具合に、他の助詞はどういう場所で使われるかが決まっているので、分類するのはむずかしくありません。結局、助詞だということはわかるけれども、ほかの助詞には分類できないし、その働きも全体としてうまく説明するのがむずかしいものを、一括して「副助詞」と呼ぶことにしているようです。

確かに、副助詞として分類されている助詞はたくさんあって（性質がよくわからないだけに、文法の教科書によってもちょっとずつ違うのですが、大体一七個から一九個くらいの助詞が副助詞だとされています）、一見したところでは、副助詞に共通の働きなどなさそうにも思えます。多分こういう理由で、国文法では、最初から副助詞の性質を見きわめることをあきらめて、全体としての働きがよくわからない助詞だとしてしまっているのでしょう。

大体、日本語の助詞の中でも一番よく使われる「は」も、副助詞の中に入っているわけです。「は」がどんな働きをするのかは、まだきちんとわかっていないところもあるのですが、とにかく文の中で大切な働きをすることは間違いありません。それなのに、国文法では、「は」には「題目」とか「対照」とか「強調」とかの働きがあります、のような、ひどく簡単な説明が書かれているだけなのです。

日本語文法のしくみを知るためにも、そして日本語を正しく使う上でも、「は」の働きがどんなものなのかは、きちんと理解しておく必要があります。少なくとも、「太郎は学生だ」と「太郎が学生だ」という二つの文は、「は」と「が」が違うことで、表す意味も違ってくるのだ、ということぐらいは勉強しておいてほしいものです。こういう大切な内容が抜け落ちてしまっているということだけでも、国文法には計りしれない欠陥があるのだと思わないではいられません。

「副助詞」は本当に「いろいろな働きをする助詞」なのか

それでは、副助詞というのは、本当に共通の性質などない助詞の集まりなのでしょうか。どうも、そういうわけでもないように思えます。たとえば「も」であれば、「花子も学生だ」という文が表す事柄は、「花子が学生だ」という事柄と、もう一つ「花子以外の人間が学生だ」という事柄です。つまり「も」があるだけで、一つではなく二つの事柄を表しているということなわけです。同じように副助詞に分類される「だけ」を使った「太郎は水だけを飲んだ」という文も、「太郎が水を飲んだ」という事柄と、「太郎は水以外のものは飲まなかった」という二つの事柄を表しています。

さらに「さえ」を見てみると、「花子さえ来た」という文は、「花子が来た」「花子以外の人間が来た」という二つの事柄だけではなくて、「花子が来る可能性が最も低かった」のような事柄も表していると考えることができます。

このようにして、副助詞が使われている文の表す事柄の性質を検討してみると、「複数の事柄を表す」という特徴があるように思えてきます。そして、英語で「も」「だけ」「さえ」が表している働きをするのはtoo, only, evenのような「副詞」ですから、日本語のこのような助詞が「副助詞」と呼ばれるのも、まったく的はずれだということでもないのかもしれません。

ほかの副助詞、たとえば「など」や「くらい（ぐらい）」にも、やはり同じ性質がありまます。たとえば「私は金閣寺などを見た」であれば、「私が金閣寺を見た」と「私は金閣寺以外に複数の寺を見た」という事柄を表していますし、「太郎は平泳ぎくらいできる」であれば、「太郎は平泳ぎができる」という事柄と「太郎ができる泳ぎの最低限が平泳ぎだ」という事柄を表しています。

「複数の事柄を表す」という性質で、副助詞のすべての働きを説明できるかどうかは、これからまだ考えてみなければならないのですが、副助詞を使った文の表す意味をちょっとでも検討してみれば、これくらいの性質を見つけるのはむずかしくないはずです。

ところが国文法では、「も」「さえ」「まで」「でも」などの副助詞には、「ほかを類推させる」働きがある、と書かれているだけで、それ以上の説明は全然ありません。副助詞は数が多すぎて、全部覚えるのはむずかしいし、たとえ覚えたとしても、全体としてどんな働きがあるのかを教わらないのだったら、実際には非常によく使われるこういった助詞についてて、結局は何も知らないままに終わってしまうことになります。

「でも」はいつも副助詞か

国文法では、どちらかというと単語の働きよりは「分類」が重視されますから、最初にあげたような問題がよく出題されます。特に「でも」という形だと、副助詞の「でも」以外に、「格助詞〈で〉＋も」「断定の助動詞の連用形〈で〉＋も」「形容動詞の連用形語尾〈で〉＋も」「接続助詞〈て〉＋も」のように、何らかの単語のあとに、別の副助詞の「も」が来た結果「でも」になっている場合があって、副助詞の「でも」と見分けがつけにくいため、問題としては作りやすいわけです。

「接続助詞〈て〉＋も」については、本来は「ても」になるところです。ただ、「飲む」「死ぬ」「飛ぶ」「継ぐ」のような、五段活用の動詞のうち「ま行、な行、ば行、が行」のもののあとに「て」が来るときには、「て」が「で」になりますから、そのあとに「も」がつけば、「でも」という形になります。

こういう形式の問題に答えるのは、実はそれほどむずかしくありません。副助詞の「でも」でないとすると、何らかの単語のあとに「も」が続いているだけなのですから、「も」を取っても正しい文になるはずです。ですから、与えられた文にある「でも」から「も」を取っても文として成立するのだったら、その文は副助詞の「でも」が使われている文ではないことになります。

問題の最初に例としてあげてある文から「も」を取ると、「何だか雨で降りそうな気配だ」というおかしな文になります。このことから、この文の「でも」は副助詞だということがわかります。

さて、文ア～オの「でも」から「も」を取り除いてみると、ア「海外で話題となっている」、イ「それほど親密でない様子だ」、ウ「転んでただでは起きない」、エ「お茶で飲んでいきませんか」、オ「人が言うほど悪い人でない」のようになります。このうち文として断然おかしいのは、「お茶で飲んでいきませんか」だということはすぐにわかります。「お茶」は「飲む」の目的語なのですから、「を」をつけるべきところです。ですから、正解はエになるというわけです。

「は」も副助詞の仲間か

先ほどの問題では、「人が言うほど悪い人でもない」の「も」をとって「人が言うほど悪い人でない」にしても、正しい文になるとしておきましたが、「悪い人でない」というのは、ホントのところはちょっと不自然です。助動詞の「ない」のお話をしたときにも説明したように、「XはYだ」という文を否定すると、「XはY以外のあるモノだ」という意味が出てくるため、「XはYではない」のように、「は」を入れたほうが自然になるということなのでした。

このように、「は」という助詞はいろんなところに関係してくるのでして、副助詞のことを考えるときには、どうしても「は」を無視するわけにはいきません。次には、この重要な助詞の「は」のことを見ていくことにしましょう。

それではまず、「は」を副助詞に分類していいのかという問題を考えてみます。普通に使われる「花子は教師だ」のような文が表す事柄だと、これは「花子」がどんな人間かということを表しているだけで、花子以外の人間が教師かどうかという事柄は、特に問題になっているとは言えないように思われます。となると、「複数の事柄を表す」という副助詞の基本的働きを、「は」がもっているとは言えないような気もします。

ですが、たとえば「ここに花子と容子と太郎がいる」というような場面で、「花子は教師だ」と言われると、確かに「花子以外の、容子と太郎は教師ではない」という意味になることもあります。ただ、「花子は教師だ」と言ったあとで、「太郎も教師だ」と付け加えることはできますから、「花子以外の人間は教師ではない」という事柄は、あくまでも成立するのが可能だということにすぎません。

とは言っても、「は」の前にある名詞が表すモノ以外のモノが、場面の中に登場している時には、複数の事柄を表すこともできるわけです。となると、もともと「は」を含む文が表す事柄には、それ以外の事柄が成立する「可能性」があることも同時に表す、という性質があるのだと考えてもいいのではないかと思います。つまり、「花子は教師だ」という文は、「花子が教師だ」という事柄と、「花子以外の人間が教師ではない可能性がある」という別の事柄を表しているということです。

もっとも、たとえば「雨は降っている」のような文だと、これだけでも「雨以外のモノは降っていない」という事柄を表すことができて、「雨以外のものは降っていない可能性がある」のような弱い意味ではなさそうです。考えてみると、今雨が降っているのだとすれば、ほかに降る可能性があるものとしては、雪かあられかみぞれぐらいしかないわけで、雨と雪などが同時に降ることはありません（雨と雪が同時に降ることもありますが、それだと「みぞれ」と言うのでして、わざわざ「雨も雪も降っている」などという言い方はしません）。こういう理由で、実際に雨が降っている場面で「雨は降っている」と言われれば、「雨以外のモノが降っていない可能性がある」のではなくて、実際に「雨以外のモノは降っていない」のだと理解されるわけです。

さらにまた、「は」が二つ並んだ「太郎はリンゴは食べた」のような文だと、「太郎がリンゴを食べた」という事柄と、「太郎はリンゴ以外のものは食べなかった」という二つの事柄を表します。つまり、「太郎はリンゴを食べた」だけだと、特別の場面でなければ他の事柄を表すことはありませんが、二番目の「を」を「は」に置き換えると、「リンゴ」以外のものについて、それを太郎が食べなかったという事柄を表すようになるわけです。

このように、「は」についても、複数の事柄を表す働きがあると考えることができそうですから、「は」もやっぱり副助詞の仲間に入れて構わないのではないかと思います。

「主題」を表す「は」

「は」が副助詞に分類されるのはとりあえずいいとしても、実際に「は」が使われている例では、たいていの場合、「太郎は学生だ」とか「私は昨日公園で散歩した」のように、わざわざ二つの事柄を表すとは考えなくてもよさそうにも思えます。というのも、もう一つの事柄はあくまでも成立が「可能」だとされているだけなのですから、場面から見て成立しないことがはっきりしているときには、たとえ「は」が使われていても、一つの事柄しか表さなくても別に構わないからです。

こういう一つの事柄しか表さない場合の「は」については、「主題」を表すと言われます（「話題」とか「題目」と呼ばれることもあります）。一方で、二つの事柄を表している場合の「は」の働きは、「対比」という名前で呼ばれています。「は」が明らかに二つの事柄を表すときには、たとえば「Xは Yだ」だと、もう一つの事柄は「X以外はYではない」というものですから、確かに二つの事柄が「対比」されているという感じはします。

それでは、「主題」というのは一体何なのでしょうか。まず注意しておかなければならないのは、「主題」は「主語」とは違うということです。太郎の意志によって、太郎から花子に本が移動するということが起きたとして、これを「太郎」を主語にして「太郎が花子に本をあげた」という文を作ったとします。この文は、「太郎」が主語だから「あげる」という動詞が使われているのでして、「花子」を主語にしたとすると、「花子が太郎から本をもらった」のように「もらう」という動詞を選ばなければなりません。ですから、主語というのは、事柄を表すための動詞を決める働きをする単語だということです。

ところが、「太郎が花子に本をあげた」という文では、「太郎」も「花子」も「本」も、あとに「は」をつけることで主題になることができます。「太郎」を主題にすると、「太郎は花子に本をあげた」になりますし、「花子」を主題にすると、「花子には太郎が本をあげた」になりますし、「本」を主題にすると、「本は太郎が花子にあげた」になります。

ですが、どの場合でも動詞は「あげる」なのですから、主語が太郎であることに変わりはありません。「太郎は花子に本をあげた」では、主語も主題も同じ「太郎」ですが、「花子には太郎が本をあげた」と「本は太郎が花子にあげた」では、主題はそれぞれ「は」のついた「花子」と「本」なのでして、主語はあくまでも「太郎」です（主語になっている名詞が表す「働き」を指すためには「主体」という用語を使います)。

つまり主題というのは、表面的には、文を作っているいくつかの名詞の中から一つを選んで、それを文の先頭に出したものなわけです。そして、その名詞が表すモノが主題だということを表すための単語が、副助詞の「は」だということになります。

「は」はどんな働きを表す名詞にもつけることができて、「は」だけでは、名詞がどんな働きをしているのかを表すことはできません。「花子には太郎が本をあげた」のように、「は」の前に格助詞が置かれている場合には、「花子」がどんな働きをしているのかは、格助詞の「に」によって表されます。

ところが、「太郎は花子に本をあげた」だと、「太郎」には「は」がついているだけですから、「太郎」の働きはこれだけではわかりません。ですが、あとに続いている「花子に本をあげた」という部分には主語がありません。そこで、この文が全体としてまとまった事柄を表すのだとすれば、どうしても主語は必要だということから、「太郎」が主語なのだと理解されるわけです。

「本は太郎が花子にあげた」でも同じように、「本」に格助詞がついていませんから、「本は」だけではこの名詞の働きはわかりません。ここで残りの部分を見てみると、「太郎が花子にあげた」となっていて、「あげた」という動詞が必要とする目的語がないことから、

「本」が目的語なのだということがわかるわけです。

主題の独立性

というわけで、主題は文の他の部分からは独立した地位にあって、主題がどんな働きをするかは、あとに続く部分が表している内容から決めなければならないという、他の名詞とは違う性質をもっていることになります。

そして、文は単語が一列に並んで作られていて、私たちが文の表す事柄を理解するときには、最初の単語から順番に単語の意味を組み合わせていきます。こういう方法で文の意味を理解するのだとすると、当然のことながら、最初に言われた単語がまずは頭の中に入るのですから、事柄がどんな性質をもつのかを決めるための最初の手がかりを与えるのが、最初の単語だということになります。

となると、主題は文の最初に来て、しかも文のほかの部分からは独立した地位にあるのですから、主題の表すモノが文の表す事柄の中心になり、そのモノとの関係で、他のモノの性質や、述語が表す事柄の枠組みの性質も決められていくのだと考えてよさそうです。

たとえば、「太郎は肉を食べる」という文では「太郎」が主題ですから、「太郎」を中心としてほかの要素の性質が決まります。このことから、「肉」が表すものは、太郎が一度に食べるだけのちょっとの量の肉で、「食べる」という動詞が表すのは、未来の時点で起きる一つの事柄だろうと解釈されます。

一方、「ライオンは肉を食べる」という文では、「ライオン」が主題です。「ライオン」だけだと、この名詞が表すモノは、どれか特定の一匹のライオンではなくて、「すべてのライオン」を表すのだと思うのが普通です。ですから、「食べる」が表す事柄も、未来に一回だけ起きる事柄ではなく、習慣的に繰り返し起こる事柄なのだということになり、それに応じて「肉」も、いろいろさまざまの量の肉を表すのだと解釈されることになります。

このように、主題が事柄全体の性質を決める働きをするとなると、主題が表すモノが具体的にどんなものなのかが、あらかじめわかっている必要があります。そうでなければ、あとに続くモノの性質もはっきりと決まらないままになってしまい、事柄そのものが表す内容が、はっきりとはわからなくなることもありえます。このことから、主題になっている名詞が表すモノは、ほかの同じ種類のモノとは区別される、特定のモノなのが普通です。

実際、「太郎は花子に本をあげた」では「本」は主題でないので、この名詞が表すモノは、どんな本であってもかまいません。つまりこの「本」で表されるのは不特定の本だということです。そして日本語では、「本」のように、名詞の前に「その」などの単語がついていなければ、不特定の本を表すのが普通ですから、「太郎は花子に本をあげた」という言い方で、別に不自然な感じはしません。

ところが、「本は太郎が花子にあげた」だと、「本」が主題なのですから、この「本」が表すモノが、他の本とは違うのだということが、あらかじめわかっている必要があります。それなのに、「本」だけで、それが特定の本を指していることは表しにくいわけですから、「本は太郎が花子にあげた」だと、どうも不自然な感じがするわけです（先ほどは、文中のどの名詞も主題になれる、という例としてこの文を使ったので、自然かどうかは考えに入れてはいませんでした）。ですから、「その本は太郎が花子にあげた」のように、「本」の前に「その」を置いて、特定の本を指すのだということを表してはじめて、自然な言い方になります。

ただ、「ライオンは肉を食べる」の「ライオン」は、「すべてのライオン」を表していて、これだと特定のモノじゃないんじゃないか、と思われる方もいるかもしれません。ですが、「すべてのライオン」というのは、動物の仲間の中で「ライオンという種類」を表しているのでして、これだとほかの「トラという種類」とか「ゾウという種類」などとはっきり区別されます。ということは、動物の中で「ライオンという種類」を考えると、ちゃんとした特定の種類ということになるわけで、不特定のモノを表すということにはなりません（英語でも、ちょっと古い言い方ですがThe lion eats meat. のように、名詞の前に定冠詞をつけて、「ライオンという種類」を表すことがあります）。

「主題」と「主語」の違い

今までお話ししてきたように、日本語で主題は文の先頭に来て、文が表す事柄全体の性質を決めるという働きをするのですが、同じように主語も、文の先頭に来るのが普通です。特に、述語が自動詞や名詞、形容詞のときには、文には主語と述語しかないことが多く、述語は文の最後に来ますから、当然、「太郎が来た」「花子が医者だ」「次郎が賢い」のように、主語は文の先頭に来ることになります。

となると、主語も、主題と同じように文が表す事柄全体の性質を決めることになりそうなものですが、実はそうではありません。これはどうしてかというと、主題は、あとに続く部分から「独立している」のに、主語にはそのような独立性がないからなのです。

主題だと、それがどんな働きをしているのかは、とりあえずはわからないのですから、その働きが主体なのか対象なのか、それともまた別のものなのかは、文を最後まで聞いてから決めることになります。そしてまた、主題はある特定のモノ（あるいはモノの種類）を表すこともわかっています。

ですから、主題が表すモノの働きをきちんと決めるためには、文の残りの部分が表す内容から見て一番適当なものにしなければいけませんし、主題は特定のモノを表すのだと決まっていますから、それに合わせて、述語や他の名詞の性質も決めることになります。「その国は大統領が演説する」という文であれば、「大統領が演説する」の部分にはちゃんと主語も述語もあります。それに、「演説する」は自動詞で目的語を必要としませんから、「その国」の働きとして一番よさそうなのは、「その国の大統領」でひとまとまりになるようにすることです。ですから、「その国」の働きは、格助詞の「の」で表されるような、「所有」を表すものだということになります。それに、「その国」はどれか特定の一つの国なのですから、「大統領」も、それに合わせてある一人の特定の人間を表さなければなりませんし、「演説する」も、未来の時点で一回だけ起きる事柄を表すのだと理解されるわけです。

このように、文全体の意味は、主題にとって一番都合がいいように決まってくるということで、主題があくまでも支配者で、文のほかの要素は主題に従う立場にあるということになります。主題が独立しているというのは、こういうことを言います。

一方、主語にはこのような独立性はありません。主語には、文で使われる述語を決めるという大切な働きがあるにしても、述語が決まってしまえば、主語が表すモノは、事柄の主体として、事柄の枠組みの中に自動的に組み入れられるだけです。枠組みの中にある他のモノの性質が、主語との関係で決まるなどということはなくて、逆に、主語の性質のほうが、述語の性質をもとに決められることになります。

「トラが山の中にすんでいた」という文だと、まず「すんでいた」が事柄の枠組みを決めます。「すんでいた」だと、普通はある過去の時点で一回だけ起こっていた事柄を表しますから、主語の「トラ」もどれか一匹の動物を表すのだと理解されます。

ところが「トラは山の中にすんでいた」のように「トラ」が主題の文だと、「トラ」は、さっきのライオンの例でも見たように、「すべてのトラ」を表します。そうすると、「すんでいた」というのは、一回だけの事柄ではなくて、過去のいろんな時点で習慣的に起こっていた、たくさんの事柄を表すのだと考えなければならなくなるわけです。

ということで、主題が特定のモノを表して、文中にある他の単語の性質を決めるのに対して、主語のほうは、述語に従属して、述語の表す内容をもとにしてその性質が決まってくるという、かなり大きな違いがあるわけです。

このことから、主語が表すモノには、主題が表すモノとは違って、ほかの同じ種類のモノとはっきり区別される特定のモノである必要はないことになります。

「ほら、花が咲いている」とか「あそこにベンチがあるよ」のような文では、「花」や

「ベンチ」は主語なわけですが、これらの名詞が指しているのは、どれでもいい「花」とか「ベンチ」なのでして、前からどれを指すのかがわかっている、特定のモノではありません。大体こういう文は、話し手が「花」とか「ベンチ」を見て、いきなり誰かに話しかけている場合に使われているのですから、特定のモノを指していることはないわけです。

ですから、こういう場合には、特定のモノを表す主題が出てくることはなくて、主語だけがあればいいことになります。実際、「ほら、花は咲いている」とか「あそこにベンチはある」のような、主題がある文を使うと、もう「花」や「ベンチ」がどれを指すのかがわかっているということになってしまって、不自然な言い方になります。

主題としての固有名詞

そうすると、名詞が「太郎」や「花子」のような固有名詞で、主題が事柄の主体を表している時には、こういう名詞は、最初から特定の人間だとわかっているのですから、主題と主語の働きは同じだということになりそうです。となると、固有名詞のあとに「は」をつけても「が」をつけても別に同じだということになるはずなのですが、「太郎は学生だ」と「太郎が学生だ」という二つの文が表す事柄の性質が違うのは、誰にでもわかります。

実際、「太郎はどんな職業をしているか」のような質問には、「太郎は学生だ」と答えますし、「誰が学生なのか」のような質問には、「太郎が学生だ」と答えるわけで、やっぱり固有名詞のあとでも、「は」と「が」の働きは違うのだと考えたほうがいいわけです。

ここで効いてくるのが、主題は、事柄全体の性質を決める働きをするということです。「太郎は［が］学生だ」という文が表す事柄は、基本的には、「太郎」が「学生」の一員だということです。ところが、「学生」の一員になれる人間は、世界中にいくらでもいます。ということは、ある場面で、ある人間が学生の一員だと言われるのであれば、その人は、「学生だ」という述語が表す事柄の枠組みの主体として「選ばれた」のだということになります。だとすると、その場面にいるほかの人間は主体として選ばれなかったのですから、その人たちについては、学生の一員ではないということになります。

つまり、述語が「学生だ」である文が表す事柄の主語として、「太郎」が使われているのだとしたら、事柄の性質として、「太郎が学生の一員だ」ということと「太郎以外の人間は学生の一員ではない」ということの両方が表されてしまうわけです。

ところが、「太郎」が主題なのだとしたら、太郎という一人の人間が、事柄の性質全体を決めることになります。ですからこの場合には、「太郎」という人間がはじめから選ばれていて、その人についてどんな事柄が起きているのかが、あとで言われるわけです。となると、「太郎は学生だ」という文なら、はじめから太郎についての事柄だとわかっているわけですから、ほかの人間のことは何の関係もありません。このことから、「太郎は学生だ」という文が表す事柄が、「太郎以外の人間は学生ではない」ということも同時に表すことにはならないのだと考えることができます。

第五章

文のしくみを説明してこそ「文法」だ

1 「太郎は平泳ぎが上手だ」の主語は何か

問題　次の各文の主語を、一文節で抜き出せ。

（1）わかれて二十年にもなる故郷へ、私は帰った。
（2）一族で住んでいた古い家は、他人の持ち物になってしまった。
（3）あとから、八歳になる甥のホルンも飛び出した。
（4）この時突然、私の脳裏に不思議な場面が繰り広げられた。
（5）おいら、昼間は海へ貝殻拾いに行くんだ。

（『中学生の基本国文法』教学研究社）

解答

（1）私は　（2）家は　（3）ホルンも　（4）場面が　（5）おいら

「主語」という名称の問題点

国文法では、「何がどうする」「何がどんなだ」の「何が」に当たるものが「主語」だということになっています。この説明でわかるのは、格助詞の「が」がついている名詞が主語なのだろうということだけで、主語とは一体何なのかということについては、具体的なことは全然わかりません。

ただし、国文法では「が」がついている名詞だけが主語だと考えているわけではありません。このことは、冒頭にあげた問題の解答を見てみればわかります。(1)(2)では「は」、(3)では「も」のついた名詞が主語だとされていますし、(5)では何の助詞もついていない、「はだかの」名詞が主語だとされています。

国文法のまず第一におかしなところは、「主語」という名前から予想されるのは、何らかの「単語」のはずなのに、実際に主語としてあげられるのは「私は」「家は」のような助詞のついた形、つまり「文節」だということです。ほかにも、「故郷へ」「脳裏に」など、名詞に「が」以外の格助詞がついているものも、「連用修飾語」と国文法では呼ばれています。

国文法では、文節という単位の定義そのものがあやふやなのですから、文節と単語の本当のところの違いもよくはわかりません。ただ、少なくとも名詞に関する限りは、名詞だけで文節になるのは、問題の(5)のように、助詞がなくても何らかの働きをすることができる場合だけで、あとに助詞が来ていたら、必ずその助詞と一緒になって一つの文節を作るのだとされているはずです。

ということは、「私は」「家は」などの語句は、「文節」であって「単語」ではないということです。文法の分野でなければ、「単語」だろうが「文節」だろうがどちらでも大した違いはないでしょう。ですが、文法というのは、まず「文」とか「単語」とかの単位をきちんと決めて、そういう単位が、文の中でどんな働きをしているのかを説明することが目的になっている学問です。実際、国文法でも、文を単語に分けたり文節に分けたりと、文がどんな単位からできているのかを理解させるための練習を、最初の段階ではちゃんとやっているわけです。

それなのに、「主語」や「連用修飾語」と呼ばれている単位が、実は単語ではなくて文節だというのでは、自分で決めておいた単位についての定義を、自分で間違ったものにしてしまっていることになってしまいます。このような、一番基本的で大切な単位について、どうでもいいような使い方をされてしまうと、国文法の全体で、あんまり信用できない説明をされているのではないかという印象を与えるのではないかと思います（実際にそうなわけですが）。こういう場合は、単語ではなくて文節なのですから、「主文節」「連用修飾文節」などという呼び換えをすればいいだけなのに、どうしてこれくらいのことが今までできなかったのかと、非常に不思議でなりません。

これからは、ちゃんと正確な呼び方をして、「主語」というのはあくまでも「私」「家」

などの「単語」（ここでは名詞）を指すことにし、その単語のあとに別の単語が続くことで、そういう名詞が主語だということが表されるのだと考えていくことにします。

主語とは何か

「主語」とは何かということについては、第四章で、「主題」との違いに注意しながらお話ししましたが、ここではもうちょっとくわしく説明します。まず、冒頭にあげた問題を見てみましょう。問題の答えで主語だとされている名詞のあとに来ている助詞は、「は」「も」「が」で、（5）では名詞には助詞がついていません。

国文法問題の参考書では、「が」がついている名詞は普通主語だし、「が」以外の助詞がついていても、それを「が」に置き換えられればやっぱり主語だし、助詞がついていなくても、「が」をつけられれば主語だと教わります。

確かに、（4）以外には「が」がありませんが、「私が帰った」「古い家が～なってしまった」「ホルンが飛び出した」「おいらが～行くんだ」のように言い換えることができますから、「私」「古い家」「ホルン」「おいら」を主語だとすればいいわけです。もちろん、たった今お話ししたように、「私が」とか「ホルンが」というのを「主語」だとしている解答は、用語の使い方としては断然おかしいのですが。

ほかの助詞の代わりに「が」をつけて言い換えることができる、というのは、別の言い方をすれば、「が」をつけたとしても、文が表す事柄の基本的な性質が変わらないということです。

事柄の基本的な性質というのは、事柄の枠組みと、その枠組みの中にあるモノが表す働きのことです。たとえば、「太郎が花子に手紙を書いた」という文では、動詞の「書く」が事柄の枠組みを表し、その中で「太郎」が表すモノ（「太郎」はもちろん人間ですが、人間もふくめて「モノ」と言っておきます）が「主体」、「花子」が表すモノが「受け手」、「手紙」が表すモノが「対象」という働きをもっています。

主体、受け手、対象という働きを表すのが、格助詞の「が」「に」「を」であるわけです。ここで、これらの助詞を「は」に置き換えて、「太郎は」「花子は」「手紙は」のようにして、文の先頭にもってくることができます。こうすると、「太郎は花子に手紙を書いた」「花子は太郎が手紙を書いた」「手紙は太郎が花子に書いた」のような「主題」をもつ文ができあがります。ですが、こういう文でも、「太郎」「花子」「手紙」が主題になっているだけで、事柄の中でそれぞれの名詞が表すモノがもっている働きは、相変わらず「主体」、「受け手」、「対象」のままです。もともと主題というのは、モノの働きを表すことができなかったわけですから、「太郎」「花子」「手紙」が主題になったとしても、もともとの働きが変わらないのは当たり前だとも言えます。

「は」の代わりに「も」に置き換えたとすると、「太郎も花子に手紙を書いた」「太郎が花子にも手紙を書いた」「太郎が花子に手紙も書いた」のようになります。「も」がついても主題にはなりませんから、「名詞＋も」が文の先頭に来ることはありませんが、「は」の場合と同じように、「太郎」「花子」「手紙」が表すモノが表す働きについては、格助詞の「が」「に」「を」がついていた場合と同じです（「名詞＋に」については、「に」を「も」に置き換えるのではなくて、「名詞＋に＋も」のように、格助詞を残したままそのあとに「も」が続きます）。

何でわざわざこんな面倒なことを長々と言ったのかというと、「は」とか「も」というのは、いろんな格助詞の代わりに使われることができるのだ、ということを説明したかったからです。というわけで、「は」とか「も」がついている名詞でも、「が」に置き換えることができるのだったら、その名詞が文の中で表す働きというのは、「が」がついている場合と同じなのだということになります。

格助詞の「が」が表す働きは「主体」でした。ですから、「が」をつけることができる名詞であれば、実際には「は」とか「も」がついていたとしても、主体の働きをするモノを表すのだということになります。それでは、「主体」とは何かというと、事柄の枠組みそのものを決める働きのことだと考えればいいわけです。

「主語」の説明の時にも同じような例をあげましたが、「太郎」から「花子」に、太郎の意志で「ボール」が移動したとします。この場合、「太郎」が主体であれば、「太郎が花子にボールを渡した」という事柄になるし、「花子」が主体であれば、「花子が太郎からボールを受け取った」という事柄になります。そしてまた、「ボール」を主体にすれば、「太郎から花子にボールが渡った」という事柄になります。こういうふうに、主体が決まってはじめて、事柄がどんなものなのかも決まってくるわけです。

「主体」というのは、あくまでも事柄の中でモノが表している「働き」のことを言います。そして、「主体」であるモノを表す単語（普通は名詞）が、「主語」と呼ばれるわけです。ですから、「が」のついた名詞が主語なのはもちろんですが、「は」とか「も」などがついていても、それを「が」に置き換えることができて、主体を表しているのだということがわかる名詞も、やっぱり主語だとしていいことになります。

というわけで、国文法で教えられる主語の説明は、ちょっと意外なのですが、本質的には問題がなさそうです。とは言っても、国文法では、主語というのは「何がどうする、何がどんなだ」の「何が」に当たると言われているだけですから、これだけで主語とは一体どんな性質をもっている単語なのかということは、残念ですがほとんどまったくわからないことは間違いありません。

「太郎は平泳ぎが上手だ」には主語が二つあるのか

ところで、日本語の主語について問題になるのは、「が」がついているけれども、表すモノが主体だと考えるのは、ちょっとむずかしいように思われる場合があることです。この節の表題にもあげた、「太郎は平泳ぎが上手だ」という文もその一つです。この文では「平泳ぎ」という名詞に「が」がついているので、「が」がついた名詞が主語だという原則に従うならば、「平泳ぎ」が主語だということになるはずです。

それでは、主題である「太郎」の働きは何かというと、「太郎が泳ぎが上手だ」のように、やはり「が」をつけて表す以外にはありませんから、「太郎」も主語だとしなければならないことになります。実際、「太郎が平泳ぎが上手だ」の「平泳ぎ」に「は」をつけて主題にして、「平泳ぎは太郎が上手だ」という文を作ることもできます。ということは、「太郎は平泳ぎが上手だ」という文には、主語が二つあることになるのでしょうか。

「主語」とは何だったかというと、文で使われる述語を決めるというものでした。それでは、述語の「上手だ」が使われることを決めたのは、「太郎」でしょうか、それとも「平泳ぎ」なのでしょうか。考えてみると、「太郎が上手だ」と「平泳ぎが上手だ」のどちらもが言えそうです。となると、やはり両方が「上手だ」が使われることを決めたということとになってしまいそうです。
しかし、「上手な平泳ぎ」という言い方は自然ですが、「上手な太郎」だと、「平泳ぎが上手な太郎」のように、何が上手なのかがはっきりと言われていないと、不自然な言い方になります。

ということは、「上手だ」との結びつきが強いのは「平泳ぎ」のほうだと考えられるわけです。だとすると、この述語を決めるのに大きな役割を果たしたのは「平泳ぎ」のほうだと言えるのでして、このことから、「平泳ぎ」を主語なのだとするほうがいいようにも思えます。主語を一つだけ選べと言われれば、「平泳ぎ」を選ぶことになるでしょう。

「平泳ぎが上手だ」は形容詞と同じ

ですが、「太郎」が主語だという考えも、簡単に捨てるわけにはいかないところもあります。なぜならば、「平泳ぎが上手だ」という表現全体で、一つの形容詞として働いていると考えることもできるからなのです。「Xが～だ」という形で一つの形容詞として働いている表現は、「背が高い」「気が強い」「身が軽い」「腰が低い」など、日本語にはたくさんあります。

ある表現が一つの形容詞として働いているかどうかは、その表現が「程度の差」を許すかどうかという基準で考えてみることができます。たとえば、「大きい」という形容詞であれば、「このネコ」と「あのネコ」を「大きさ」という観点から比べて、「このネコはあのネコより大きい」という事柄を考えることができます。

一方で、形容詞と同じように名詞を修飾することができる「走っている」（「走っているネコ」という言い方の「走っている」です）のような表現だと、「このネコはあのネコより走っている」のような事柄は考えられません。つまり、「大きい」という形容詞が表す性質には程度の差がありうるのに、「走っている」という動詞が表す性質には程度の差がありえないということです。

「背が高い」「気が強い」などの「が」を含む表現についても、「太郎は次郎より背が高い」「花子は美智子より気が強い」のような、程度の差を表すことができますから、こういう表現が一つの形容詞と同じ働きをしていることがわかります。そして、「平泳ぎが上手だ」も、「太郎は次郎より平泳ぎが上手だ」のような言い方ができますから、程度の差がある性質を表しているのは確かです。このことから、「平泳ぎが上手だ」も全体として一つの形容詞のような働きをしているのだと考えることができます。

となると、「太郎は平泳ぎが上手だ」という文の述語は、「平泳ぎが上手だ」なのだとすることもできそうですから、こう考えるとすると、この文の主語は「太郎」だということになります。

というわけで、「太郎は平泳ぎが上手だ」という文は、「上手だ」だけが述語なのだとすれば、「平泳ぎ」が主語ですし、「平泳ぎが上手だ」が全体として一つの述語なのだとすれば、「太郎」が主語になります。別の言い方をすれば、文の構造としてどちらを選択するかで、主語になる名詞が違ってくるということなのです。

このように、一つの文に対して、二つの違った構造を考えることができるのだとしたら、その構造に応じて主語も違ってくるというのは、まあしかたのないことでしょう。ただし、あくまでも、どちらか一つの構造に決めたとしたら、その構造には一つの主語しかないわけなので、「太郎は平泳ぎが上手だ」という文について、それだけで二つの主語があるという言い方は適当とは言えません。ある構造では「太郎」が主語になるし、別の構造では「平泳ぎ」が主語になるというだけのことです。

ですがこれだと、それじゃあどっちが正しいんだ、という文句も出てこようというものです。確かにそうなのですが、これは文脈で決めるしかありません。たとえば「太郎ってどんな人ですか」のような質問がされたのに対して、「太郎は平泳ぎが上手だ」と答えるのだとしたら、「平泳ぎが上手だ」を一つの形容詞のように考えるのがよさそうです。

そうではなくて、「太郎は泳げるようだけれども、どの泳ぎがうまいの?」のような質問に、「太郎は平泳ぎが上手だ」と答えるのだとしたら、「平泳ぎ」と「上手だ」は二つに分かれているのだと考えるのがいいわけです。

ですから、大事なのは「太郎は平泳ぎが上手だ」という文は、ある場合には「太郎」が主語になるし、別の場合には「平泳ぎ」が主語になるということで、両方が同時に主語になることはありえないのだ、ということなのです。

2　どうして日本語の述語は文末に来るのか

問題　次の文は、意味を変えずに文の成分の位置を変えると、ほかに何通りの文ができるか（ただし、傍線部の文節の位置は変えない）。

フシダカバチが穴から大きな顔を出した。

（『中学生の基本国文法』）

解答　五通り

日本語の文の構造

問題文で「文の成分」と呼ばれているのは、簡単に言えば「名詞（句）＋格助詞」のことです。この文には「フシダカバチが」「穴から」「大きな顔を」という三つの「名詞（句）＋格助詞」（「フシダカバチ」「穴」が名詞で、「大きな顔」が名詞句）があります。本書では、「名詞（句）＋格助詞」のことを「名詞群」と呼ぶことにしていました。日本語では、名詞群を並べる順番は、基本的には自由です。

三つの名詞群を並べる順番は、全部で三×二＝六通りありますから、問題文で与えられている一つを除いて、残りは五通りということになります。

問題に答えるのは、簡単な順列の計算ができればいいわけですから、別にむずかしくはないでしょう。ここで考えたいのは、日本語の文では、単語がどんな順番で並んでいて、その順番がどうやって決まってくるのかということです。

国文法では、文というのは「主部」と「述部」からできていて、主部のあとに述部が来る決まりになっていると説明されています。「主部」とか「述部」というのは、「文節」よりも大きな単位で、「部」としてはほかに「修飾部」があります。

これらの「部」についても、文節と同じように、はっきりした説明はありません。「主部」は「何がどうする／どんなだ」の「何が」に当たるし、「述部」は「どうする／どんなだ」に当たるとされているだけで、これは、「主語」と「述語」の説明とまったく同じです。ですが、「主語」とか「述語」は、国文法では一つの文節なわけですから、文節よりも大きな「主部」と「述部」が、「主語」「述語」と同じものであるわけはありません。

結局のところ、用例を見ればわかるということになっているようで、たとえば「可愛い少女が小さなイヌとゆっくり散歩していた」という文では、「可愛い少女が」が主部で、「小さなイヌと」と「ゆっくり」が修飾部で、「散歩していた」が述部だとされています。

ということは、主語を中心として、それを修飾する要素を加えたのが「主部」、連用修飾語を中心とした語句が「修飾部」、述語に補助動詞などが接続しているのが「述部」だということのようです。とは言っても、主語と述語や連用修飾語などについては、主部や述部が出てくる前にもう説明されているのですから、「～部」が「～語」よりも大きな単位で、文のしくみを考える時には、まずは「～部」に分けて考えるのだというくらいのことは、簡単に説明できそうなものです。それなのに、こういう不親切な説明しかしないで、主語も主部も一緒くたにしてしまっているのは、どう考えても国文法の怠慢だとしか思えません。

文がどんな意味を表しているのかは、文の構造がわからなければ、決して正しくは理解できません。だからこそ「主部」や「述部」といった要素がどれなのか、そしてその中で単語がどのように並んでいるのかを知ることは、文法を学ぶ上では最も大切なことです。その重要事項がひどく不正確にしか説明されていないのだったら、日本語のしくみについて満足できる理解ができるとは言えないでしょう。

さて、前にもお話ししたように、名詞の中では、述語を決めるという一番大切な働きをしているのは主語ですから、主語を含む名詞群が一番最初にあったほうが、文が表す事柄の内容を、いち早くつかめるという点で効率的だと言えます。

ところが日本語の場合は、「名詞＋は」という形の「主題」がある場合には、それが文の先頭に来ることになっていて、しかも、主題だけでは名詞がどんな働きをしているのかはわかりません。ただ、「太郎は学生だ」や「花子はタマゴを買った」という文のような、主題が主語になっている場合は確かに多くて、こういう文だと、主語が文の先頭に来ていることになります。

ですが、「タマゴは花子が買った」のような文だと、「タマゴ」が主題で、主語は「花子」です。ですから結局のところは、日本語では、主語が文の一番最初に来るとは限らないようになっています。

また、問題文で「出した」という述語を、文の最後に置くことに決めているように、日本語の文では、述語は文の最後に来るのが原則です。もちろん、「来たよ、あいつは」「見たかい、あの映画」のように、述語が文の先頭に来るのも、特に話しことばではそれほどめずらしくはありません。とは言っても、やはりこの語順はあくまでも例外なのでして、きちんとした文章で使われることはほとんどありませんから、「名詞群のあとに述語が来る」というのが日本語の語順の決まりだと考えておいてよいでしょう。

語順はどうやって決まるのか

日本語では、述語が文の最後に来るのですが、英語や中国語であれば、動詞が他動詞なら I bought a book. や「我買書了」〈私＋買う＋本〉のように、「主語＋動詞＋目的語」という語順になるのが決まりです。自動詞でも I go to school. や「我去学校」〈私＋行く＋学校（に）〉のように、動詞のあとに前置詞句や場所を表す名詞が来ますから、こういう言語では、述語が文の最後に来るという決まりはありません。

英語や中国語には、主語や目的語を表すための、日本語の「が」と「を」に当たる単語がありません。ですから、主語と目的語を区別するためには、語順に頼るしかないことになり、日本語ほどは語順が自由にはならないわけです。

ただ、語順で主語と目的語を区別すればいいのなら、「主語＋目的語＋動詞」のように、動詞が文の最後に来る語順でもよさそうな気もします。最初の名詞が主語で、次に来る名詞が目的語だということに決めておけば、この順番でも主語と目的語をはっきりと区別できるからです。

ところが、英語や中国語のような、主語や目的語を表すための「が」や「を」のような単語がない言語では、動詞が主語と目的語の間に来る順番が選ばれているのが普通です。これがどうしてなのかということについては、言語学でもまだ説得力のある説明はできていません。単に、英語や中国語のような語順をもつタイプの言語と、日本語のような語順をもつタイプの言語があるのだと言われているだけです。

ですが最近では、語順の決まり方にも、それなりの理由があるという学説も出はじめていて、そういう学説では、文の意味や構造を理解するのに最も効率的な語順が選ばれるのではないかと考えられています。「効率的」というのは、文が全体としてどんな意味を表していて、どんな構造をもっているのかが、文の最後のほうまで行ってやっとわかるというのではなくて、全部を聞かなくても早くわかるということです。

確かに、コトバを理解したりコトバを使ったりするのは、人間の脳で行われるわけでして、脳の中では、神経に電流のようなものが流れるという、物理的な現象が起きているのだと考えられます。物理現象というのは、たとえば物体が上から下に落ちるときには、一番距離が短くなる経路をとるように、効率のいい運動のしかたをしているように見えます。ですから、コトバも、最終的には脳で起きる物理的な現象なのだとしたら、事柄を伝達するときに最も効率がよくなるようなしくみになっているのではないかというのも、あながち的外れとも言えないような気もしないではありません。

語順の効率性を計算する

ただ、しくみが効率的かどうかを確かめるのは大変むずかしそうなので、ここでは「花子が太郎をぶった」(英語では Hanako hit Taro.) という文が表すような事柄を例にとって考えてみましょう。こういう事柄は、一般的には「枠組み〈時点、アスペクト、可能性〉[主体＝X、対象＝Y]」のような形で表されます。「枠組み」というのは、述語が表している事柄の性質のこと、「時点」は事柄が起きる時点で、過去、現在、未来のどれかです。「アスペクト」は、事柄の全体が成立したのか、それともまだ一部しか成立していない(つまり継続中)のかという内容、「可能性」とは事柄が成立する可能性がどの程度だとされているのかという内容のことでした。

ここで、ある言語で使われる名詞が二〇個、動詞が五個だと仮定します。普通に使われる国語辞典や英和辞典に載っている単語の数は、大体五万〜六万個ぐらいですから、もちろんこの数は実際とはかけはなれています。ただ、これから行うちょっとした計算を簡単にするために、あえて数を思い切り少なくしました。名詞の数と動詞の数の割合は、大体四対一ぐらいですから、ここで使っている数は、一応コトバの実態には合っていることにはなります。

さて、今仮定したような簡単な言語を使って表すことができる事柄の数は、いくつになるでしょうか。名詞が二〇個で、どの名詞も主語か目的語になれるのだったら、それは、二〇個のものから二個を選んで並べた順列の数と同じになります。ですから、事柄の中で［主体＝X、対象＝Y］の部分については、二〇×一九＝三八〇個の選び方がありえることになります。

何だこの計算は、とお考えの方もいらっしゃると思います。私自身も、ずいぶん面倒くさいなあ、と思うのですが、効率性というのは、どうしても数で示さないと今ひとつわかりにくいので、申し訳ありませんがちょっと我慢して読み進んでいただければと思います。計算の方法がわかりにくいというのでしたら、結果の数だけを見てくだされればそれで十分です。

枠組みのほうでは、「時点」は「過去」「現在」「未来」の三個、「アスペクト」は「全体」と「部分」の二個です。「可能性」は、完全にホントだとされる場合が一つあるとして、残りは、「高」「中」「低」の三個だとしておきます。可能性というのは、もちろん連続的な性質をもつものなのですが、むやみに細かく区分したとしても、使うほうも聞くほうも大変です。ただ英語だと、可能性の程度をもっと細かく区分しているようですが(must, will, would, ought to, should, can, may, might, could の順に可能性が低くなると、英和辞典では説明されています)、ほかの言語では、これほど細かい区分は普通なさそうなので、とりあえず三段階だとしておきます。となると、可能性は全部で四個になります。

こうすると、「時点」「アスペクト」「可能性」について、一つの事柄について、それぞれ一個ずつしか選べませんから、この三つの特徴については、全部で三×二×四＝二四種類がありえることになります。そして、枠組みを表す動詞の五個をかけ合わせて、枠組みについては全部で二四×五＝一二〇個が区別されます。前に計算した、枠組みの内部の個数三八〇個をこれにかけ合わせると、全体で三八〇×一二〇＝四万五六〇〇個の違った事柄が表されることになります。

単語を加えるごとに事柄の数が減少する

単語が一列に並んで作られるのが文で、文は一つの事柄を表しています。ですから、単語を並べて文を作るということは、単語が表すモノと事柄の枠組みなどをだんだんと組み合わせていって、最後には一つの事柄ができあがるようにするということです。

　そして文が作られる過程では、単語が一つずつ増えていくごとに、表される可能性のある事柄の数が減っていって、最後の単語が与えられた段階で文が完成して、ようやく一つの事柄が表されるということになります。

　文が表す事柄というのは、言ってみれば、まだ何の図柄を表しているのかわからないジグソーパズルのようなものです。最初のピースを置いた段階では、いろんな図柄を表している可能性があって、具体的な完成図はほとんど予想できません。ピースを一つずつ並べていきながら、だんだんとその図柄の見当がついていって、最後の一ピースを置いてはじめて、ああこんな図柄だったのかとわかるわけです。

　たとえば日本語で、「太郎が」で始まる文があるとすると、まずは「太郎」が主体だということがわかります。ですが、ほかにはありとあらゆるモノが出てくる可能性があるわけですし、事柄の枠組みも何万もあるわけですから、この最初の段階では、表される可能性のある事柄はほとんど無数にあります。

　ですが次に「花子を」が来ると、「太郎」が主体で、同時に「花子」が対象なのですから、想定される事柄の数は、主体と対象という二つの働きが限定された分、「太郎が」だけの場合よりも少なくなります。こうして次々に単語を加えていくことで、最終的に「太郎が花子を町で見かけた」のような形で文が終われば、表されるのはただ一つの事柄になるわけです。

さて、先ほどお話ししたような簡単な言語で、「主語＋動詞＋目的語」という語順の場合と、「主語＋目的語＋動詞」の語順の場合で、表される事柄の数がどのような減り方をするかを見てみましょう。まずは、英語や中国語のような、語順を使って主語と目的語を区別する言語のことを考えることにして、文を作るために使われるのは三つの単語だとしておきます。

まず「主語」が与えられて、これがAというモノを表すのだとします。そうすると、事柄は、「枠組み〈時点、アスペクト、可能性〉［主体＝A、対象＝?］」のように表されます。事柄の中でまだ決まっていないのは、枠組みの部分と「対象＝?」の部分です。「対象＝?」の?に入れることができるのは、全部で二〇個のモノからAを除いた一九個のモノで、枠組みのほうはまだ決まっていなくて全部で一二〇個がありえるのですから、一九と一二〇をかけ合わせて、全体で二二八〇個になります。表すことができる事柄の個数は、全部で四万五六〇〇個でしたから、主語が与えられた段階で、事柄の数は二〇分の一に減ったことになります。

主語の次に動詞が来る語順だと、事柄の数はどうなるでしょうか。述語は動詞一個だけですから、この動詞だけで、時点、アスペクト、可能性のすべてが表されます。実際、英語でたとえば動詞のsawは、「過去」の時点、「全体」のアスペクトを表すとともに、事柄が完全にホントだということを表しています。

となると、まだ決まっていない事柄の部分は、［対象＝?］だけです。つまり、Aを除いた残りの一九個のモノから?に当たるものを選ぶことで事柄が完成するわけですから、可能性としてはまだ一九通りの事柄が残っていることになります。というわけで、事柄の数は二二八〇個から一九個へと、一二〇分の一に減ったということです。

それでは、主語の次に「目的語」が来る語順ではどうでしょうか。主語であるAを除いた残りのモノは一九個で、このうちのどれが選ばれても、その働きは「対象」だということがわかっています。ですから、残っているのは枠組みだけで、これは全部で一二〇個でした。となると、目的語が与えられた段階では、事柄の数は、二二八〇個から一二〇個へと、一九分の一にしかなっていないことになります。

要するに、「主語＋動詞＋目的語」の順番だと、「主語＋動詞」の段階で、事柄の数は一二〇分の一に減るのに、「主語＋目的語＋動詞」の順番だと、「主語＋目的語」の段階で、事柄の数が一九分の一にしか減らないということです。

この計算からわかるように、「主語＋動詞＋目的語」という語順のほうが、「主語＋目的語＋動詞」という語順よりも、事柄が減る割合が大きくなります。つまり、動詞が目的語よりも前にある語順のほうが、どんな事柄なのかの見当が早くつくということです。そして実際、英語や中国語では「主語＋動詞＋目的語」という語順が使われているわけです。ということは、これらの言語が、事柄の見当が早くつくほうの語順を選んだのだということになるでしょう。事柄の見当が早くつくというのは、あとになってやっとわかる場合よりは、伝達の上での効率が高いのだと言っていいと思います。

日本語で名詞のあとに格助詞が来る理由

それでは日本語のように、主語や目的語を表すための「が」や「を」のような特別の単語がある言語の場合はどうでしょうか。

日本語のような、文法的な働きをする助詞や助動詞のような単語が、結構たくさんある言語では、モノの働きだけでなく、時点やアスペクト、事柄が起きる可能性も、それぞれ違った単語で表されます。このため、文の中に主語と目的語しかないとなると、英語とか中国語のような言語では、三個の単語だけですんでしまうのですが、日本語だと「太郎は花子に会っただろうね」のように、「名詞＋格助詞」が二つと「動詞＋助動詞や助詞など」を組み合わせて表すことになります。

日本語の文では動詞（述語）が最後に来るのですが、その理由はあとでお話しするとして、その前に、日本語の文法にとっては大切な、名詞と格助詞の順番を考えておきましょう。日本語では名詞のあとに格助詞が来る決まりなのですが、可能性としては、「格助詞＋名詞」という順番もあっていいはずです。どちらの順番のほうが、伝達の上で効率がよいのでしょうか。

先ほどと同じように、名詞が二〇個、動詞が五個、事柄の中には主体と対象だけがあるという条件で考えることにします。まず名詞が先の場合を見てみます。名詞が先に来て、この名詞がAというモノを表しているとしても、このAがどの働きをしているのかはわかりません。あとに格助詞が来てはじめて、主体なのか対象なのかがわかるからです。

となると、Aが言われた段階では、事柄の中にそのAというモノが入っていることがわかるだけで、もう一つのモノとしては残りの一九個のモノのどれでもが入っていいことになります。そして、Aの働きはまだわからないのですから、どのモノが事柄に組み入れられたとしても、その働きは「主体」でも「対象」でもかまいません。

ということは、もう決まっているAと、残りの一九個のモノのうちのどれか一つを含む選び方の数は、一九×二＝三八個になります。一九個のモノからどれか一つを選ぶには一九通り、そしてそれは「主体」と「対象」のどちらでもいいわけですから、二通りがあって、全体として一九×二通りになるというわけです。

そうすると、Aが言われた段階で、まだ表される可能性のある事柄の数は、三八に動詞（正確には動詞句）が表す事柄の数一二〇をかけ合わせた四五六〇個になります。表すことができる事柄の数は全部で四万五六〇〇個でしたから、事柄の数は一〇分の一に減ります。

それでは、格助詞が先に来る場合はどうでしょうか。使える格助詞は「が」か「を」だけですが、今は格助詞の「が」を使うものとしておきます。この格助詞が表すのは、二〇個のうちのどれか一つのモノが「主体」だということです。ですが、「が」だけ言われたとしても、どのモノが主体なのかはまだわからないのですから、主体になれるモノの選び方は二〇通りあります。

そして、主体のモノが選ばれたとすると、残りの一九個のモノのうちの一つが自動的に「対象」になるわけですから、その選び方は一九通りです。というわけで、全体としては「が」が言われた段階では、事柄の枠組みを除くと二〇×一九＝三八〇通りの事柄が表されます。そして、それに事柄の枠組みが表す事柄の個数一二〇をかけ合わせて、まだ表される可能性のある事柄の数は、何と最初と同じ四万五六〇〇個のままで、全然減っていません。

今考えている単純なしくみの言語では、主体が一つ決まれば残りの一つは対象になってしまいますから、モノが表す働きの数がもっと多ければ、格助詞が最初に来ても、事柄の数はもう少しは減ります。ですがとにかく、主体と対象しかない事柄を想定すると、格助詞が最初に言われた場合には、まだ表されるかもしれない事柄の数はちっとも減らないのです。

ところが名詞を格助詞の前に言うようにすれば、事柄の数は一〇分の一に減って、文がどんな事柄を表すのかが、もちろん全部ではなくてもある程度はわかります。というわけで、「名詞＋格助詞」という順番のほうが、「格助詞＋名詞」の順番よりも、はるかに伝達の効率が大きいということになるわけです。日本語で名詞が格助詞の前に来る語順になっているのは、ですから、効率のいいほうの順番が選ばれた結果なのだと言えるでしょう。

日本語で動詞が文末に来る理由

それでは「名詞＋格助詞」の順番が決まったとして、動詞はどこに来るのが効率的なのかを見てみましょう。「動詞」と言っても、日本語の場合、先ほどもちょっとお話ししたように、動詞だけではなくて助動詞などもあとに続くわけですから、「動詞＋アスペクトを表す単語＋時点を表す単語＋可能性を表す単語」というしくみをもつ「動詞句」が、全体として文のどこに来るのがいいのかを考えることになります。

本当にすべての語順の可能性を考えようとすれば、動詞句が文の先頭に来る場合も考えておかなければならないのですが、あまりに面倒になるので、ここではもう動詞句は文の先頭には来ないで、文の先頭に来るのは主語なのだとして話を進めることにします（実際、動詞が文の先頭に来る言語はそうそうはありません）。

まず、「主語＋動詞句（＝動詞＋単語…）＋目的語」の語順だと、どうなるのかを考えてみましょう（「主語」とか「目的語」というのは、もちろん名詞だけではなくて、あとに続く格助詞も含まれるのですが、これからの話には関係がないので、簡単にこう呼んでおきます）。主語のあとに「動詞」が来た段階では、動詞は五個でしたから、そのうちの一個が選ばれていて、残りの動詞は四個です。そして時点（三通り）、アスペクト（二通り）、可能性（四通り）はまだわかりませんから、事柄の枠組みが全部表されているわけではありません。そうすると、まだ表されるかもしれない事柄の枠組みの数は、四×三×二×四＝九六個になります。

そして、そのあとにある目的語については、残っている一九個の名詞から一つを選ぶのですから、一九通りの選び方があります。ですから全体としては、九六×一九＝一八二四個の事柄が表されることになり、「動詞」が言われた段階で、事柄の数は二五分の一になります。

次に、「主語＋目的語＋動詞句」の順番を見てみましょう。最初の名詞は主語だと決めておきましたから、二番目の名詞が言われた段階で、その名詞が目的語なのは自動的にわかります。というわけで、まだ表されるかもしれない事柄の数は、動詞句が表す事柄の数と同じ、五×二四＝一二〇個になります。つまり、「主語＋目的語」の段階で、事柄の数はおよそ四〇〇分の一に減ることになるわけなのでして、主語のすぐあとに動詞が来る場合に比べて、減少する割合は一五倍以上になります。

このように日本語では、動詞句が文の最後に来る順番のほうが、動詞句が目的語の前に来る場合に比べて、事柄のあらましがもっと早くわかります。このことから、日本語で動詞が文の最後に来る語順が選ばれているのは、英語などで「主語＋動詞＋目的語」の順番が選ばれているのと同じように、事柄を伝達する効率が大きいほうの語順を選んだ結果なのではないかと思えるわけです。

こういうふうに、いろんな言語に見られる語順の決まりは、「伝えたい事柄のあらましが早くわかる」という原則を使えば説明できそうに思えます。とは言っても、今までお話ししてきたような、単語を並べていく時に、表されるかもしれない事柄の数がどれくらい減っていくのかを計算する方法は、まだまだ問題のあるものですし、これだけで語順が決まる理由を全部説明できるものでもありません。

たとえば、日本語では、動詞のあとに時点、アスペクト、事柄が起きる可能性を表す単語だけが来るのではなくて、「れる／られる」のような受け身や可能、自発、尊敬を表す助動詞、「せる／させる」のような使役を表す助動詞、さらには否定を表す「ない」も来ます。こういう単語が言われたからといって、事柄の数がそれほど大きく減ることはありませんから、またほかにも要因を考えなければならないでしょう。

ですが、語順が決まるときに伝達の効率性が関係しているだろうということは、今までの説明でも、ある程度は明らかになったのではないかと思います。どんなものごとでもそうだと思いますが、単語を並べる順番というのも、何の理由もなく決まっているのではないわけです。

語順が、効率性を代表とする何らかの原則にしたがっているのではないかと考えれば、語順というのは最初から決まっているんだとして考えをやめてしまうよりは、ずっとコトバの本質がわかるようになるのではないでしょうか。学校で教えられる文法でも、そういう研究の成果が取り入れられれば、もっと面白いものになりそうな気がします。

3　日本語にはどうして関係代名詞がないのか

問題　次の文全体の「主語」の文節を答えよ。また、傍線をつけた「中には」は、どこを修飾しているか。

これら若き裸の侍たちの取組の中には、見終わったあとも、いやむしろその夜床に入ってから改めて、勝負の一こま一こまが眼の前に現れ、眠ろうとしてもなかなか寝つかれないといった興奮で私をつかまえてしまうものが少なくない。（鹿児島ラ・サール高校の入試問題）

解答

「主語」の文節：「ものが」

「中には」が修飾するもの：少なくない

長い修飾節があるとわかりにくい文になる

問題の文は、句読点を入れても一〇六字で、特に長いというわけではありません。ですが、それにしてはずいぶん読みにくいなあという感じがします。その理由は、この文の中に「見終わったあとも、いやむしろその夜床に入ってから改めて、勝負の一こま一こまが眼の前に現れ、眠ろうとしてもなかなか寝つかれないといった興奮」という、ずいぶんと長い修飾節を含む表現が使われているからです。

この問題を出題した高校は、東大合格者数が非常に多いことで全国に名をとどろかせており、選抜をきびしくして優秀な生徒を入学させるために、こんなわかりにくい文を入試に出題したのでしょう（簡単な問題だと、やっぱり差はつきません）。とは言っても、問題に出されたような文に出会うことはまず滅多にありませんし、大体文法的にはあまり感心しません。こういう文をもとにした文法問題を解かされる受験生には、心から同情をしたくなります（もともとは、こういう文章を書く人がいるのがいけないのですが）。

ただし、問題を解くのはそんなにむずかしくはなくて、主語がどれかをさがすのだったら、格助詞の「が」がどこにあるかを見ればいいわけです。問題文中で「が」は、最後のほうにある「もの」のあとにあって、「ものが少なくない」という言い方で、「主語＋述語」だと考えて別におかしいところはありませんから、主語は「もの」だということになります。もっとも、国文法で出てくるいつもの間違った用語として、「主語の文節」などというのが使われていますから、解答としては「ものが」のように、格助詞がついた形で答えなければなりません。

あと「中には」がどこを修飾しているかについては、「これら若き裸の～中には」という部分は格助詞の「に」がついていて、国文法では「連用修飾語」（正確には、「連用修飾文節」とでも言うべきものでした）としての働きをしていますから、当然この文全体の述語である「少なくない」を修飾することになります。

名詞の内容を修飾する節

実は、「眠ろうとしてもなかなか寝つかれないといった興奮」の「眠ろうとしてもなかなか寝つかれない」の部分は、「興奮」の「内容」を表しているのではありません。「興奮」が「原因」になって「寝つかれない」のです。ということで、簡単に言えば「興奮で寝つかれない」ということなわけです。このことは、「その興奮の内容は私が寝つかれないことでした」などという言い方がおかしいことからもわかります。

ところが、「といった」という表現は、名詞が表しているモノの内容、言い換えれば「具体的な事例」を表すために使われるのが普通なのです。「日本経済はさらに発展するだろうといった意見」「労働環境を改善すべきだといった発言」などの例を見れば、「といった」が具体的な事例を表していることがわかります。ところが、「寝つかれない」は、あくまでも「興奮」の結果起きる事柄なのでして、興奮の内容そのものではないのですから、「寝つかれないといった興奮」というのは、文法的には間違った言い方です。

それでは、「寝つかれない興奮」とすればいいのかというと、やはりこの表現もよくありません。日本語で、「私は病気で会社を休んだ」という文をもとにして、「私が会社を休んだ病気」のような言い方ができないように、あるモノがある事柄の原因となっている場合に、「事柄＋原因となるモノ」のような組み合わせの表現を作ることが、普通はできないからです。ですから、「寝つかれない興奮」の部分だけなら、「興奮が寝つけなくさせる」という文をもとにして、「寝つけなくさせる興奮」のような言い方にすれば、日本語としてはちょっと不自然ですが、文法的には正しくなります。

もっとも、問題文で何と言っても悪い点は、「興奮」の「内容」を表しているつもりの部分が長すぎることです。もっと理解しやすくするためには、この文で一番重要な「私を興奮させる」という内容を最初にもってきて、たとえば「これら若き侍たちの取組の中には、興奮で私をつかまえてしまうものが少なくない。そのため、見終わったあとも……眠ろうとしても寝つけなくなってしまう」のようにすべきところです。

国文法で取り扱われない「関係節」

ところで、「(私を) 寝つけなくさせる興奮」の「(私を) 寝つけなくさせる」という部分は、「興奮」という名詞が表すモノ（「興奮」は、ホントはモノではなくて「事柄」だと言ったほうがいいのですが、用語が面倒になるので、「モノ」のなかに事柄も含めて考えておくことにします）が表している内容を、さらにくわしく限定するために使われる表現です。「（私を）寝つけなくさせる」のように、ちゃんと動詞がありますから、主語はないにしても、文に近い性質をもった表現だと言えます。

モノの内容を限定するために使われる表現の代表は、形容詞や形容動詞なわけですが、こういう単語は、「広い部屋」とか「もの静かな人」のように、モノが一般的にもっている性質を表す働きをします。「一般的」と言っているのは、「広い部屋」はいつも広いのだし、「もの静かな人」は普通の性格としてもの静かなのでして、ある時だけ急に広くなったり、突然もの静かになったりするというわけではないからです。

ですが、あるモノについて、ある特定の場合だけに見られる性質を表すことも、必要になるのは普通のことです。たとえばある人について、その人が「昨日来た」として、その性質を表現したいならば、それは一般的な性質ではないわけですから、形容詞や形容動詞を使うことはできません。モノのこういう性質を表すために使われるのが、「昨日来た人」のような言い方なのでして、「昨日来た」という文に近い表現が名詞の前に来ています。

このように、名詞の表すモノの性質を表すために使われる、文に近い表現を「関係節」

と呼びます。こういう言い方は、日本語だろうがほかの言語だろうが、どうしても使わなければならない大切な表現で、ちゃんとした文法ならば絶対取り扱わなければならないはずです。

ところが国文法では、関係節が独立して取り扱われることはありません。あえて言えば、国文法でも項目としてあがっている「修飾部」の一種ということになるのでしょうが、そこでも関係節の例はほとんど取り上げられません。ですが、「私が買った本」とか「妹にあげた人形」などの表現は、小さな子どもでも使うものなわけですし、日本語で書かれた文章中にはいくらでも出てくるのですから、関係節に触れることのない国文法は、文法の最重要項目の一つを見落としているとしか思えないわけです。

国文法で関係節が取り上げられない理由は、日本語に「関係代名詞」がないからだと思われます。関係代名詞は、ご存じのように普通は関係節の先頭に来て、関係節が修飾する（つまり性質を限定する）名詞を受ける働きをする単語のことです。英語には、whoとかwhichのような関係代名詞があるので、関係節については、英文法では相当にくわしく教えられます。まあ考えてみると、ちゃんとした単語があるというのは、伝統的な文法では重要なわけでして、日本語には関係代名詞がないとなると、関係節のことがあんまり大切にされないのもしかたがないのかもしれません。

などと同情してみたところで、先ほどもお話ししたように、関係節は日本語でも大切な表現なのです。ですから、関係代名詞があろうがなかろうが、関係節のことを文法で教えるのは、やっぱりどうしても必要なことなのでして、国文法にそれがないというのは、どう考えても重大な問題だと思います。

日本語に関係代名詞がないわけ

それでは、英語には関係代名詞があるのに、日本語にはないのはどうしてなのでしょうか。とは言っても、実はこの問題について、根本的な理由はどうもよくわかりません。もし日本語に関係代名詞があったとすれば、「昨日来た人」を、たとえば「人それが昨日来た」のような感じで表すことになるのでしょうが、こういう言い方が日本語の文法として決まっていたとしても、別に変ではないような気もします（古語には、「人の昨日来たる」のように、これに近い言い方がありました）。

英語と日本語で語順が違うのが原因かといえば、どうもそうでもなさそうで、中国語と英語は基本的な語順は同じだとしていいのに、中国語には関係代名詞がありません。それから、日本語と中国語は、名詞の表すモノが特定かどうかを表すための「冠詞」がないという点では同じなのですが、同じように冠詞をもたないロシア語とかラテン語、それにインドネシア語などには、ちゃんと関係代名詞があります。ですから、冠詞のあるなしも、関係代名詞があるかどうかには、それこそ関係なさそうです。

ただ、関係代名詞があって、名詞のすぐあとに来ていれば、そこから関係節が始まることがすぐにわかります。ですから、文全体の構造がわかりやすくなるという点では、関係代名詞があったほうが、理解のためには効率がよさそうにも思えます。たとえば「昨日はじめて来た人に電話した」という日本語の文では、「昨日はじめて来た」まで聞くと、そこで文が終わったのだと思ってしまうかもしれません。ですが、そのあとに「人」が来ることで、やっと「昨日はじめて来た」が関係節だということがわかるわけです。ところが、同じ事柄を英語で表すとI have called the man who came for the first time yesterday. になって、the man のすぐあとに関係代名詞の who があることで、そこから関係節が始まっていることがすぐにわかります。

ですが考えてみると、「昨日はじめて来た」という表現には「主語」がありません。「昨日はじめて来た」の主語は、あとに出てくる「人」なのですから、関係代名詞がなければ、これは当たり前のことです。というわけで、(日本語の)関係節というのは、一人前の文だとするわけにはいかなくて、一人前になるには一つ足りない要素がある表現だということになります。同じように「私が買った本」の「私が買った」という関係節では、「買った」という他動詞の「目的語」に当たるものがなくて、あとにある「本」が目的語なわけです。「花子が住んでいる家」の「花子が住んでいる」という関係節だと、「住んでいる」はずの「場所」が欠けていて、その場所を表すのがあとに来ている「家」です。

このように関係節には、主語とか目的語のような、普通の文だったら必ずあるはずのものが一つ欠けているという特徴があります。もちろん、普通の独立した文でも、文脈からわかる場合には、必要な要素でも省略されることがあります。ですが、関係節では、文脈からわかろうがわかるまいが、いつも必ず要素が一つ欠けているわけですし、あとには必ず名詞があります。ですから、関係代名詞がなくても、どこに関係節があるのかということは、大体の場合は簡単にわかるわけです。

たとえば、知り合いと一緒に歩いている途中に、「私が通っている会社があそこに見えます」と言ったとしましょう。この場合、「通っている」という動詞を使うのであれば、普通なら「私はこの会社に通っている」のように、「通っている」の前に「この会社」のような名詞がなければなりません。ですから「私が通っている」には、必要な要素が一つ欠けていて、しかもすぐあとに「会社」という名詞が来ています。このことから、「私が通っている」という表現が関係節なのだと、すぐにわかるわけです。

というわけで、どれが関係節なのかは、関係代名詞がなくても簡単にわかるわけで、だからこそ、日本語のように関係代名詞をもたない言語もあるのだ、ということなのではないかと思います。要するに、関係代名詞があるかないかは、今のところは、ある言語を使う人たちがたまたまどちらかを選んだのだということにすぎないようです。ただし、関係節についての分析がもっと進めば、コトバとしての何らかの特徴と関係代名詞のあるなしとの間に関係があるのだ、ということがわかるかもしれません。

関係代名詞がないと不便なこと

関係代名詞はなくてもかまわないのですが、関係代名詞がないと、言いたいことを表現したいときに不便な場合もあります。たとえば、「太郎がある町から来た」をもとにして「太郎が来た町」という言い方をすることはできません。たとえば、あなたが札幌から来たのだとして、「私が来た町は札幌です」と言っても、これを聞いている人は、あなたが「札幌に」来たと思うだけで、「札幌から」来たとは思ってくれません（ただし、札幌にいるのに「私が来た町は札幌です」などとわざわざ言う人はいませんが）。

これはどうしてかというと、「太郎が来た町」であれば、「太郎が来た」という表現でまずどうしても必要な要素に、「到着点」（〜に）であって、「起点」（〜から）ではないからなのです。たとえばいきなり「太郎が来た」と言われれば、誰でも自分が今いる場所に太郎がやってきたのだと思うわけで、太郎が出発した場所のことをすぐに思い浮かべる人はいないと思います。ですから、「来た」だと、到着する場所のほうが重要だということなわけです。

それからまた、「花子は友人と映画に行った」をもとにして、「花子が映画に行った友人」という言い方をすることもできません。「花子が映画に行った」という言い方だけでも、別にどうしても必要な要素が欠けているというわけではありません。そして、「花子が映画に行く」という事柄が起こったとして、そのときに「誰かと一緒に行く」ということがどうしても必要だということもないわけです。一人で映画に行くことは、特に珍しいことでもありません。

こういう理由で、「花子が映画に行った友人」という言い方をされたとしても、その「友人」というのが、「花子が映画に行った」という事柄とどんな関係にあるのかが、はっきりとはわからないということになります。実際、「花子がある友人の（作った）映画に行った」とか「花子がある友人のために映画に行った」などということも、大いにありうるわけです。「花子が映画に行った」が「友人」のどんな性質を表しているのかが一つに決められないのだとすると、やっぱりこういう言い方では、ちゃんとした意味を伝えることができないと言うしかないでしょう。

もし関係代名詞があるとしたら、英語でthe town from which Taro has comeやthe friend with whom Hanako went to the moviesのような関係節を使った言い方が普通にできるように、日本語でも、同じ意味を関係節を使って表すことができただろうと思います。ただし、「花子が一緒に映画に行った友人」のように、「一緒に」のような語句を使えば、花子はその友人と映画に行ったのだ、ということがきちんとわかりますから、日本語でも関係節を使った言い方はできます。また、「太郎がそこから来た町」のような言い方も、ずいぶんと不自然な感じはしますが、全然使われないわけでもありません。ここでは、「そこ」という、関係代名詞に似たような働きをする代名詞が使われています。

関係代名詞がないと便利なこと

関係代名詞がなくて、かえって便利なこともあります。たとえば、「針で刺された痛み」とか「花子がピアノを弾いている音」のような言い方は、関係代名詞があったのでは、日本語ほど簡単にはできません。英語で同じ意味を表したければ、the pain somebody feels after being pricked with a needleとかthe sound of the piano played by Hanakoのような、結構長たらしい言い方になってしまいます。

そもそも関係代名詞というのは、関係節のなかで「主語」とか「目的語」のような働きをきちんとしていなければなりません。もし「針で刺された痛み」と同じ意味を関係代名詞を使って表したとすると、「痛み」と同じモノを指す関係代名詞が使われることになります。ということは、「誰かが針で刺された」という表現の中に、「痛み」を入れてちゃんとした文を作れなければならないのですが、こんな文はどうやってもできません。

大体、「痛み」というのは、「針で刺される」ことが起きたあとで出てくるモノなのでして、「針で刺される」という事柄の中に入れ込むことなどできないのです。「花子がピアノを弾いている」と「音」についても同じでして、ピアノを弾いて音が出るのですから、「花子がピアノを弾いている」の中に「音」を入れて、ちゃんとした文を作ることなどできません。

ところが関係代名詞がないとなると、関係節だけでちゃんとした文にならなくてもいいわけです。ですから、ある事柄があって、そのすぐあとで起きるモノとか、それと一緒に起きるモノとかのように、その事柄とどこかで密接に「関係」しているモノがあれば、そのモノの性質を表すための表現として、関係節を使うことができます。

針で刺されればすぐ痛くなりますし、ピアノを弾けば音が出るのが当たり前ですから、「針で刺された痛み」とか「ピアノを弾いている音」のような言い方ができます。また、雪の上をスキーですすべれば必ず跡が残ることから、「雪の上をスキーですべった跡」という言い方もできます。「マラソン選手たちが走っている前方」とか「中日が勝った翌日」のような関係節を使う言い方ができるのも、誰かが走っていれば、必ずその前方に場所があるし、ある事柄がある日に起きたとすれば、その日の次の日は必ず来ることがわかっているからです。

朝鮮語・韓国語や中国語にも関係代名詞はありませんが、今まであげたような関係節を使った言い方は、やはり日本語と同じようにできるのだそうです。というわけで、関係代名詞がないと、モノの性質を説明する関係節を作ることが、かなり自由にできるようです。

ただし、事柄とモノの間にそれほど密接な関係がないと、たとえ関係代名詞がなくても、やはり関係節を使った表現はむずかしくなります。たとえば、「食べ過ぎた腹痛」とか「緊張している汗」などの言い方は、かなり不自然な感じがします。食べ過ぎるとおなかをこわすことも確かにありますが、吐き気がすることもありますし、おなかが丈夫な人なら、特に目立った症状が起きないのも普通でしょう。同じように、緊張しているからといって必ずしも汗が出るとは限りません。つまり、「食べ過ぎる」ことと「腹痛」、「緊張している」ことと「汗」の間には、いつも密接な関係があるとは言えないので、このことから、「食べ過ぎた腹痛」とか「緊張している汗」のような言い方ができなくなるのだろうと考えられます。

こう考えると、「私が会社を休んだ病気」が言えない理由も理解できます。確かに、「私は病気で会社を休んだ」のように、「病気」と「私は会社を休んだ」を組み合わせて、ちゃんとした一つの文を作ることはできます。ですが、「私は会社を休んだ」という文が使われたとしても、どうしても必要な要素が足りない不完全な文だということにはなりません。「休む」という動詞を使うのにどうしても必要なのは目的語だけで、休む理由を表す表現は、あったほうがいいという程度でしかないからです。

ですから、「私が会社を休んだ」を関係節として使いたければ、それは「昨日来た人」のような「普通の」関係節を使うのではなくて、「針で刺された痛み」のように、密接な関係がある事柄とモノを結びつけた形のものでなければなりません。ところが、「私が会社を休んだ」という事柄と「(私の)病気」の間に、それほど密接な関係があるということはありません。会社を休む理由としては、病気以外にも、緊急の用事とか、ただ行きたくない気分だったとか、他にもいろいろ考えられるからです。というわけで、「私が会社を休んだ」という表現を、「病気」が表すモノを限定する関係節として使うことはできないということになります。

ただし、「私が会社を休んだ理由」のような言い方だと、全然不自然ではありません。

どんな事柄でも、それが起きることの理由となったモノを考えることができて、「理由」という名詞は、理由として考えられる限りのどんなモノでも表すことができるからです。

今までお話ししてきたように、日本語に関係代名詞がないことから、関係節とそれが修飾する名詞との間には、英語などではどうやってもできない、いろいろな関係が見られます。このため、現代の日本語学では、関係節についての研究がさかんに行われています。このような研究の成果を、少しでも反映するような文法が学校でも教えられてこそ、生徒たちの日本語についての正しい理解を深めることができるようになるのではないでしょうか。

第六章

国文法はどうしてこんなに問題が多かったのか

五十年以上も〝不変〟の国文法

これまでお話ししてきたことからも十分おわかりのように、私たちが学校で勉強する日本語の文法は、これが正しい日本語のしくみなのだ、とするにはどうも問題が多すぎるように思います。それもそのはずで、学校で教えられる「国文法」の内容というのは、第二次世界大戦のちょっと前から今まで、基本的なところはほとんど変わっていないのです。

今日までに、日本語の文法を研究する学者たちはたくさんいて、日本語のしくみについてわかってきたことは、当然のことですが、ずいぶんあります。だとすると、国文法の内容にもそういう成果が反映されていてちっともおかしくないはずなのに、何十年も同じようなままであり続けるというのは、まことに不思議なことです。中学校の国語で何をどう教えるかを決めている先生たちは、今までの日本語研究のことを一体何だと考えているのでしょうか。

一方、国文法に書かれている内容は、もうちょっとよく考えてくれれば、こんなことは書かなくてもすんだんじゃないかなあ、と思われるところも結構あります。それに、日本語の研究をしてきた学者たちの考え方についても、ホントにこんなので日本語の文法のしくみがちゃんとわかるんだろうか、と思えるものもないわけではありません。

そこで、国文法の問題点を見てきた総しあげとして、日本の代表的な国語学者で、のちの研究者たちにも大きな影響を与えた、橋本進吉と時枝誠記《もとき》の考えについて、どこがいけなかったのかを見ておくことにします。

この二人の学者は、当時日本に紹介されたばかりだった、スイスの言語学者ソシュール(Ferdinand de Saussure, 一八五七～一九一三)のコトバに対する考え方にかなり強い影響を受けています。ソシュールは現代の言語学がどんなことをどんなふうに研究すべきかを考えて、言語学の基礎を作った偉大な学者です。橋本や時枝がその影響を受けたというのは、ソシュールの考えの大切さをちゃんとわかっていたということで、立派なものです。ですが影響をちゃんと受けたのだったら、国文法の基礎もそんなにおかしくならなかったのではないかと思うのですが、そうではなかったところを見ると、彼らはどうも、ソシュールの考えを全部正しくは理解していたのではないようです。

もちろんソシュールの考えが完璧だということはありませんから、国語学者たちがソシュールを正しく理解しなければ、まともな研究ができないなどということは、決してありません。ですが、あの当時でもソシュールの学説をきちんとわかっていれば、もう少し違った文法のしくみができあがっていたかもしれないわけです。

ですから以下では、ソシュールの考えとの関係にもふれながら、橋本と時枝の文法について見ていくことにします。

国語学に影響を与えたソシュール

それではまず、ソシュールがコトバについてどんなことを考えていたのかを、簡単に説明します。ソシュールは、言語学をできるだけ科学的な学問にしようと熱心に考えました。もっとも、彼が言語学をやっていた一九世紀の終わりから二〇世紀のはじめにかけての言語学がひどく非科学的だったというわけでもありません。ですが、当時の言語学というのは、ヨーロッパ諸語を比較してそのもとになる言語（「祖語」と呼ばれています）がどんなものだったのかを推定する「比較言語学」と呼ばれるもので、人間のコトバとは一体どんなものなのかを、探究していくというスタイルではありませんでした。

言語学が「コトバの学問」だとしたら、やはり何と言っても、人間のコトバが一般的にもっている性質を明らかにすることが大切なのは当たり前です。ところがソシュールが勉強した言語学では、そういうことがきちんと考えられていなかったわけです。それに、それまでにコトバの一般的な性質を考えたことのある言語学者たち（ドイツのフンボルトやガーベレンツなどがいます）にしても、コトバの性質を明らかにするためにはどういうふうに考えたらいいのか、ということを、誰がやっても使えるような形で示してくれていたわけではありませんでした。

そういうわけで、ソシュールは、先人たちの業績をある程度は参考にしながらも、ほとんど自分一人で、コトバの本質を解明する方法を考えなければならなかったわけです。そのためにまずやらなければならないのは、言語学が研究する対象を決めることです。

言語学の対象と言えば、「コトバ」に決まっているじゃないか、と考えたくなります。ですが、コトバと言っても、私たちが実際に観察することができるのは、誰か特定の人が実際に使っているものなのでして、その特定の人が誰なのかによって、みんなそれぞれ違います。これは、同じ「日本語」と言っても、私が実際にしゃべる日本語と、皆さんがしゃべる日本語とでは、発音のしかたとか単語の使い方とかで、完全に同じではないことからもおわかりになると思います。

となると、日本語のしくみなどと言っても、日本語が一般的にもっている性質ではなくなってしまって、私の日本語とか東京の板橋に住んでいる佐藤さんとか田中さんの日本語の性質にすぎないことになってしまいそうです。ところが、私が日本語でしゃべった内容は、日本語を知っている人になら誰にでもきちんと伝わるのでして、もしそうなのだとしたら、日本語と呼ばれるものに共通の性質が必ずあるはずです。いろんな人が使っている日本語に共通の性質があるからこそ、同じ日本語を使えばお互いに内容を理解し合えるのだと考えなければなりません。

というわけで、「日本語」とか「英語」とか「フランス語」と呼ばれているものを使っている人たちが共通に知っているコトバとしての性質のことを、ソシュールは「ラング」と呼び、言語学はラングを研究の対象にするのだと説きました。一方で、特定の誰かが使うコトバのことを「パロール」と呼んで区別し、これは言語学の対象にはしないのだとしたわけです。

考えてみると、昔からある特定の言語の文法などを分析してきた人たちにしても、当然ラングのようなものを想定していたわけですから、ソシュールがコトバについて新しい発見をしたのだということではないでしょう。とは言っても、パロールとは違うラングがあるのだときちんと述べることで、それまではアイマイだった対象がはっきりとしたということです。ですから、言語学を他の科学と並ぶ学問として発展させるきっかけを与えてくれたということで、ラングを認めたことには大きな意義があったと思います。

こうしてラングを決めたとしても、ラングもコトバである以上、必ず変わります。コトバがどのように変わってきたのかということだけに注目したのが、先ほどお話しした比較言語学だったわけですが、比較言語学で対象にされていたのは、ある音が時代がたつとどんな音に変化するかとか、単語の意味がどのように変わるかといった、個別的な変化でした。

ソシュールはこういう個別的な変化のことを「通時態」と呼んでいるのですが、通時態だけだと、やはりラングの全体的なしくみを明らかにすることはできません。ラングのしくみがわかるためには、ある時代を特定して、その時代では単語の並び方がどうなっているかとか、時制がどんな組織になっているかなどを調べる必要があるわけです。こういう、時代を区切ったラングの状態のことを、ソシュールは「共時態」と呼びました。

というわけで、コトバの性質を解明するために言語学が対象としなければならないのは、ラングの共時態だということになります。こうしてやっと、言語学がちゃんとした科学的な学問になるためにどうしても必要な研究の対象というものが、ソシュールのおかげではっきりとした形で現れることになったのでした。

ソシュールによる言語学の目標の設定

研究の対象が決まったとしても、それだけでは、そのあとで何をやったらいいのかはわかりません。何をやるかがわかるためには、コトバには最低限こんな性質があるのだということがわかっている必要があります。そういう性質が、いろんな言語でどんな形をとっているのかをきちんと調べることで、もっとはっきりしたコトバとしての特徴が、具体的な姿で私たちの目に見えてくるわけです。物理学で言えば、万有引力の法則とか慣性の法則とか、あるいは光速度一定の法則などに当たると考えればいいでしょう。こういう法則を前提にして考えを進めていくことで、自然界のいろんな現象の、物理的な性質がわかってくることになるのだと考えることができます。

ソシュールは、そういうコトバの基本的性質として、まずはコトバが「記号」だということをあげています。記号というのは、音とか図形とか色とかで何らかの意味を表すものを、全体としてとらえたもののことだとされます。ですから、信号とか交通標識も記号ですし、絵とかアニメも記号の仲間になります。コトバも、意味を音で表すものですから、やはり記号の中に入るというわけです。

コトバが記号なのだとしたところで、それだけでは一見当たり前で、あまり面白くなさそうな気もします。ですが、コトバは記号なのだから、意味と音という両方の側面があって、その一方だけを切り離して考えたのでは、コトバの性質はきちんとわからないのだよという、コトバの分析では決して忘れてはならないことをはっきりとさせている点で、実はこのコトバの記号性というのは大切な性質なのです。

それに、コトバが記号だとしても、その記号には「花子は医者だ」のような文と、その中にある「花子」とか「医者」のような単語の区別があります。記号に文と単語という種類の区別があって、単語を並べて文を作るというしくみがあるからこそ、コトバを使って多種多様な事柄を表すことができるわけです。他の記号にはコトバほどの表現力はありませんから、コトバは記号の王者なわけで、記号全体のしくみを知るための手本を与えるものなのだ、とソシュールは考えていたようです。

さて、文は単語が並んでできているわけですが、単語の並び方にはどんな言語でも必ず決まりがあります。並んでいる単語の意味を、順番に組み合わせていって文の意味がわかるのですから、単語の並び方がでたらめだと、誰にでも同じ意味が伝わるわけはありませんから、並び方に決まりがあるのは当たり前です。

並び方の決まりを表したものを、これはソシュールの用語ではありませんが、「構造」と呼びます（ソシュールは、並んでいる単語の間には関係があって、その関係で単語のはたらきが決まるのだという言い方をしています）。ですから、どんな言語の文にも構造があるわけなのでして、それがどんな構造で、その構造はどういうふうにして決まってくるのかをはっきりさせるのが、言語学の大切な目標になります。

それからまた、ある単語の意味というのは、それ一つだけで決まってくるというものではありません。たとえば、字や図形を作るという意味を表す単語は、日本語では「かく」だけですが、英語には write と draw の二つがあります。英語で二つあるということは、それぞれ違った意味を表しているということで、実際、字をかくときにはwriteですが、絵などの図形をかくときにはdrawを使います。ということは、英語のwriteという単語の意味が正しくわかるためには、この単語を日本語に置き換えて「かく」とするだけではいけないのでして、drawとは違うのだということを知っていなければならないということです。

ですから、単語の意味は他の単語との関係ではじめて決まってくるという性質があるわけです。全体としてみれば、単語の集合体を考えたとして、その中にある単語の意味は、集合体の他の単語との関係を見てみなければわからないということになります。こういう性質をもった集合体のことを、ソシュールは「体系」と呼びました。

というわけで、どんな言語についても、単語の集合体は体系であって、体系の性質をはっきりさせることで、その中の単語の意味がきちんとわかるのだということになります。

こうして、ソシュールのおかげで、コトバであれば構造と体系をもつことが示されたわけです。そしてそのことで、言語学の目標も、コトバの構造と体系がどのようになっていて、そしてそういう構造や体系があるのはどうしてなのかを追究することなのだ、というように、明確な形で規定されることになりました。

ソシュールが現代言語学の創始者だと言われるのは、今までお話ししたように、言語学の対象と目標をきちんと決めてくれたからなのです。こうして始まった現代の言語学についての考え方が、最初にお話ししたように、橋本や時枝などのソシュールよりもちょっとあとの時代の国語学者たちにも影響を与えたのでした。

橋本進吉の文法

橋本進吉（一八八二〜一九四五）の研究の中心は、日本語の音の歴史でして、『万葉集』で使われた万葉仮名を分析することで、奈良時代以前の日本語には母音が八つあったはずだと主張した学説が有名です。もちろん、偉い国語学者ですから、日本語全体の研究も行ったのでして、その成果は『国語学研究法』（一九三五）や『国語学概論』（一九四六）などで知ることができます。

私たちにとって大切なのは、今学校で教えられている国文法というのは、橋本進吉が旧制中学用の文法教科書として書いた『新文典別記』（一九四八）をもとにしているということです。ですから、国文法の内容は、橋本が今から七十年近く前に考えていたことと、あんまり変わっていないということなわけです。

橋本は、ソシュールの学説のことを知って、国語学も言語学的な方法をとらなければならないと考えていたようで、ラングの共時態を研究の対象にすべきだということは、その著作の中で述べています。ただ、パロールのことを「ランガージュ」と言っていて、ランガージュだと、ソシュールの用語ではラングとパロールを合わせたものですから、このへんではちょっと用語の混乱があったように見えます（用語だけの問題で、内容は別に問題はありませんが）。

ここらあたりまでだと、国語学の研究対象が日本語のラングなのだということを言っているだけですから、まあ特に問題はありません。ところが、実際の日本語の文法を考えていく段になると、どうも分析の仕方があやしくなってくるのです。

文法にとってまず大切なのは、文の構造がどうなっているのかを知ることです。そのためには、文を単語に分けてから、その次に、単語より大きいけれども文よりも小さい単位（単語の集まり）を考えるというのが一番やりやすいだろうと思います。単語とは何かというのは、実はなかなかにむずかしい問題なのですが、まあ一応は国語辞典の項目として載っているのが単語ですし、日本語を知っている誰でもが共通に知っているはずのものが単語なわけです。ですから、文の中にどんな単語があるのかというのは、単語の意味と、それを表す音を知っていれば、誰でも同じようにわかることになります。

コトバを分析する具体的な方法をあまり教えてくれなかったソシュールも、文の構造を分析するためには、まず文に切れ目をつけなければならないと言っていて、その切れ目というのは単語と同じものです。

それに、単語というのは体系を作っていますから、たとえば「イヌが走っている」という文の「イヌ」は、これと関係がある「ネコ」とか「ウマ」とかに置き換えても、意味はもちろん変わりますが、ちゃんとした文にはなります。ですから、「イヌ」だけで、一つの独立した単位なのだということが、はっきりとわかるというわけです。

文節を設定した誤り

ところが橋本は、単語を見つけるためには、まず文を文節にわけてから、そのあとで単語を見つけるのだという方法を提唱しているのです。文節の定義は国文法で教えられているのと同じで、「文を実際の言語として出来るだけ多く区切った最も短い一句切」だと表現されています。そして、日本語のわかる人だったら、誰でも同じように区切るものなのだと言われています。

ただ、国文法の定義がこれだけで終わっているのとは違って、橋本は、文節の性質として、いつもひと続きで発音されて途中で切れ目がない単位で、文節の間には切れ目を入れられるのだとしています。これで一応は、文節を音の面からも特徴づけたものだということになるのでしょう。

ですが、本書の第一章でもお話ししたように、文を誰でもが同じように区切るかどうかは全然わからないわけですし、いつもひと続きで発音されるかどうかという性質にしても、どう考えてもあやふやなものでしかないように思われます。

確かに「イヌが走っている」の「イヌが」だと、多分誰でもひと続きで発音するだろうなとは思います。ところが「走っている」だと、橋本の文法では「走って」と「いる」という二つの文節に分かれるのですから、間に切れ目が入れられるはずなのですが、普通の会話で「走って」と「いる」の間に切れ目を入れて発音する人は、まずいないのではないでしょうか。

「その本」とか「まずいカレー」のように、名詞の前に短い修飾語がある場合でも、たまには、「その」と「本」、「まずい」と「カレー」の間に切れ目を入れて発音する人がいるかもしれませんが、私だったら普通はひと続きで発音してしまいます。

こういうふうに、橋本の文節の定義は、どこから見ても不完全だとしか思えないわけです。それなのに、橋本の文法では、文節という単位が、文の構造を表すための一番大切な基本になっているわけですし、自立語と付属語（橋本は、自立語を「第一種の語」とか「詞」、付属語は「第二種の語」とか「辞」と呼んでいます）の区別も、独立して文節を作れるかどうかという基準にもとづいています。

ということは、正しいかどうかが、どうやっても客観的にはわからない基準で設定された、「文節」というよくわからない単位をもとにして、その大切な部分ができあがっているというのが、橋本の文法だということになってしまいそうです。

もし橋本がソシュールをもっとよく理解していたら、文節の定義を今のような形にはしなかったのではないかと思います。文節というのも、文を作っている一つの単位で、意味と音が結びついているのですから、単語とは違いますがやっぱり記号の一つです。だとしたら、文節という記号の性質を考えるためには、音だけではなくて、どんな「意味」が表されているのかもちゃんと決めておかなければなりません。

それなのに、音のほうは結構いろいろ性質をあげてあっても、意味については、もしかしたら「自然に区切れる」というのがそれだったのかもしれませんが、はっきりした形で性質を考えるということがなされていなかったのでした。意味と音があってこその記号なわけですから、ほとんど音だけに注目して文節の特徴を考えてしまったというのが、橋本の文法の大きな問題だったと言えるでしょう。

国語学についての一般的な考察のところでは、ソシュールの言ったことを正しくふまえた内容がきちんと述べられていたのですから、実際に日本語の分析をする段階で、その内容を反映するような方法がとられなかったのは、大変残念なことだったと思います。

ランクを批判した時枝誠記

時枝誠記（一九〇〇〜一九六七）は橋本進吉の弟子ですが、橋本がソシュールの学説を一応は素直に受け入れたのに対して、時枝のほうはソシュールを大いに批判することで、自分の考えを打ち立てようとしました。ソシュールのコトバについての考えは、昔から今でいろいろと批判はあるにしても、基本的にはコトバの本質を正しくとらえたものだと私は思っています。ですが、時枝は独自のコトバについての考えをもっていて、ソシュールが「ラング」について主張していた内容が気に入らなかったようで、ラングなんてものはないのだと述べています。

時枝は自分のコトバについての考えを「言語過程説」と呼んでいて、この説は、彼の代表的著作である『國語學原論』（一九四一）にくわしく述べられています。どうして「過程説」などという名前なのかというと、彼は、コトバというのを、話し手が具体的な場面からモノとか動きとかの事物を選んで、それを概念に対応させて、それからまたその概念を音に対応させる「過程」なのだと考えていたからです。

ソシュールのラングは、話し手が特定の場面にいるという要素を取り除いたところが大切なのですから、時枝がラングなんてのはないんだ、と考えたのも無理はありません。ただ、ソシュールが、話し手とか場面とか、そういうものとコトバが無関係だなどと考えていたわけではもちろんないわけで、ラングが具体的な話し手によって、特定の場面で使われたものを「パロール」と呼んでいたのは、先にお話しした通りです。

ですから簡単に言うと、時枝は、ソシュールがラングとパロールを合わせて「ランガージュ」と呼んでいたものこそが、コトバなんだと主張したということになるのでしょう。まあそれはそれで、別にとんでもなく間違っているというわけでもないのですが、ソシュールがどうしてパロールを言語学の研究対象からはずそうとしたのかを、時枝は本当にちゃんと理解していたのかどうか、ちょっと疑問に思います。

時枝の「言語過程説」の問題点

これはソシュールの本にも書いてあるし、別にソシュールではなくても、誰でも考えつくことなのですが、コトバというのを、話し手が事物を単語や文で言い表したものだとするのだけでは、まだその半分だけでしかありません。単語や文を聞いた人が、そういう記号の内容を正しく理解するという過程が、残りの半分を占めているからです。

たとえば、話し手があるモノを見て「リンゴ」と言ったとして、聞き手はその「リンゴ」という単語を聞いて、日本語を知っていれば、その単語がどんなモノを表しているのかがわかります。もし話し手も聞き手も同じ場所にいるのだったら、その「リンゴ」が具体的にどのモノを指しているのかは、まあ大体はわかるでしょう（もしリンゴがたくさん置いてあって、話し手がそのうちのどれか一つを指すつもりなのだったら、「リンゴ」という単語だけでは、まだ正確にはわかりませんが）。

ですが、もし話し手が「私は昨日リンゴを食べた」と言ったのだとしたら、その「リンゴ」が指すモノは、当然その場所にあるわけはありません。ですから聞き手は、「リンゴ」が指しているモノが具体的にどれなのかは絶対にわからないのですが、それでも日本語を知っていれば、「私は昨日リンゴを食べた」という文の意味を理解することはできるわけです。

ということは、コトバを理解するというのは、具体的な場面で単語が指すモノがどれなのか、ということがわからなくてもできるということなのです。ですから、コトバの理解には、単語が実際に何を指しているのかがわかるということは、実は本質的に重要なことではないのだと言えます。というわけで、「リンゴ」という単語が、どんな種類のモノを表すのかがわかった段階で、もうコトバをちゃんと理解できたと考えていいわけです。

ソシュールは、コトバが表す内容にはこういう性質があることを知っていたからこそ、コトバの一番大切な部分はラングなのだと言ったのでして、時枝はその点を見落としていたのではないかと思われてなりません。それに、「リンゴ」だったら、実際に指すモノがこの世の中に存在していますが、「魂」とか「大鵬」（中国の空想上の鳥です。元力士は実在しますが）とか、人間が頭の中で空想しただけのモノについては、もともと具体的な場面など考えようがありません。

こういう点で、コトバが使われる「場面」を、コトバを考える時にはいつも組み入れなければならないとする時枝の考えには、問題があります。少なくとも、ソシュールが考えていたラングを、場面の要素が入っていないからと言って批判するのは、ソシュールの意図を正しく理解していたものとは言えないでしょう。

正体不明の「概念」

それから、これはもっと重大な問題なのではないかと思いますが、言語過程説では、「概念」というものの正体が、どうもはっきりとは規定されていないように見えます。実はソシュールも、概念とは何かということについてはきちんと説明していなくて、この点では時枝と同じなのですが、ソシュールは概念のことを、単語が表す意味と同じだと考えていたようです。ですから、ある概念があることは、それを表す単語があることによって確かめられることになります。

ところが時枝は、「リンゴ」とか「食べる」のような単語だと、概念に対応するけれども、助詞とか助動詞のような単語は、概念には対応していないのだと主張しています。これをもとにして、名詞とか動詞のような、国文法でいう自立語は、「概念過程を含む」単語だけれども、助詞とか助動詞のような付属語（時枝は橋本と同様に、自立語を「詞」、付属語を「辞」と呼んでいます）は「概念過程を含まない」単語なのだと説明しています。つまり、自立語の場合は、先述のような、事物から概念へ、そして音へという過程があるのだけれども、付属語の場合は、事物からすぐに音へという過程しかないのだということなのです。

時枝によれば、概念というのは、話し手の判断を含まない客観的なものだということなのだそうです。ですが、どうして名詞や動詞の表す意味が客観的で、助詞や助動詞の表す意味のほうは客観的ではないのかは、どこにもきちんとは説明されていません。というわけで、結局のところは、概念が何なのかということがわからない以上、時枝が言うような「詞」と「辞」を分類する基準も、一体どういうことなのかよくわからないということなのです。

それに、たとえ言語過程説が正しいとしても、ここで取り扱われているのは単語のことだけですから、応用できるのは、それこそ自立語と付属語のような単語の分類の基準としてぐらいのような気がします。単語の分類も、文法の基礎としては大切な作業ですが、さらに進んで、名詞と動詞が表す意味の性質はどこが違うのかとか、日本語にたくさんある助動詞の働きはどう説明すればいいのかとかいうような、もっと細かい文法の項目を取り扱うための枠組みとしては、言語過程説ではあまりにおおざっぱすぎるように思われます。何しろ、そういう単語が表したり表さなかったりする「概念」が何なのかが説明されていないのですから、こういう細かい性質の分類には当てはめようがないわけです。

言語過程説では文の構造が説明できない

そしてまた、言語過程説で説明されているのが単語の性質に限られていることから、文の構造がどうなっているかという、ソシュールに始まる言語学の大切な目標になっている、文法にとって大切な項目についても、この考え方を使って説明することはちゃんとはできそうにありません。時枝は、日本語の文の構造を表す方法についても、忘れずに自分の考えを述べてくれてはいるのですが、その方法が言語過程説とどういう関係があるのかは、どうもよくわからないのです。

時枝が主張する日本語の文の構造は、「詞」と「辞」が並んで一つの単位になり、それにまた「詞」がくっついて大きな単位を作り、その単位にまた「辞」がくっついてもっと大きな単位を作り、という具合に、詞と辞が交互に並ぶような形になっているというものです。こういう構造を、時枝は「入れ子型」と呼んでいるのですが、実際には日本語の文は、こんなわかりやすい構造になるわけではありません。

たとえば、「太郎は花子に会った」のような簡単な文を見てみても、入れ子型の構造が正しいとすると、「太郎は花子」という「詞＋辞＋詞」の形が一つのまとまった単位になるはずです。もしそうなら、「太郎」を「彼」という代名詞に置き換えることができるように、「太郎は花子」を何か一つの代名詞に置き換えられなければならないはずですが、そんなことはできません。ですから、この程度の短い文でも、入れ子型の構造になっているのではないということになります。

それに、もし日本語の文が入れ子型の構造になるのが普通だったとしても、どうしてそんな構造になるのかということは、言語過程説で説明することなどできそうにありません。この説でまがりなりにもできているのは、詞と辞のどこが違うのかということの説明だけだからです。

このように、時枝の言語過程説は、コトバの本質についてのソシュール批判としては不備があるし、具体的な文法の説明にも応用しにくいのでして、橋本の学説をもとにした国文法の問題点を修正する手段としては、結局使われることはなかったのでした。

おわりに

携帯電話がこの数年であっという間に何千万人もの人々に普及したことで、私たちはハガキや手紙を書くことは滅多になくなってしまいました。ですが、だからと言って、私たちが日本語で文章を書くことがなくなったというわけではありません。

同じようにこの数年で、インターネットも急速に普及し、個人でホームページを開いている人の数もどんどん増えています。ホームページは、言ってみれば絵や写真の入った小さな本のようなものですから、以前なら限られた数の人にしかできなかった本の出版が、インターネットによって誰にでもできるようになったということです。

もちろん、電子メールのやりとりは、ハガキや手紙よりもずっと便利で簡単ですから、メールを出す回数は、ちょっと前までハガキや手紙を書いていた回数よりも格段に増えていることも確かです。インターネットで掲示板に書き込んだり、ホームページ上でチャットをするなどということなら、今では小学生でも日常的にやっていることです。

それから当然のことながら、勉強や仕事でならば、レポートや報告を書くことは依然として行われているわけで、これだと、昔のように鉛筆やペンを使って紙に書く人もいるでしょうし、ワープロソフトを使って画面に打ち出し、あとはプリンターで印刷するという人もいるでしょう。

というわけで、私たちが日本語の文章を書く機会は、以前と比べてむしろ増えているのではないかと思います。そして、日本語で文章を書くのなら、自分の伝えたいことが正しく理解されるほうがいいのは当たり前です。

その、誰にでも正しく理解してもらえる日本語の文章を書くために、私たちが是非とも知っておかなければならないのが、日本語の文法です。日本語のできる人ならば、日本語の文法がきちんと頭の中に入っていて、頭の中の文法を参照しながら、書かれた文章を理解しています。ですから、日本語の文法にきちんと従った文章こそが、誰にでもわかりやすい文章だということになるはずです。ところがその文法というのは、頭の中に入っているとはいっても、自分の力でそれをはっきりとした形にすることは、誰にでもできるというわけではありません。

そこがコトバのむずかしいところなわけですが、とにかく、日本語の文法というのは、誰か専門家にきちんと教えてもらわなければ、普通はなかなか意識しにくいものなのです。その文法を教えてくれるはずのものが、学校で教わる「国文法」なのですが、本書ではいろいろとお話ししたように、国文法の内容は、日本語の文法を正しく書き表したものとは、とてもいいがたいところがあるのです。

学校で教わる内容であれば、本来ならば、学界でも正しいと認められていることをやさしく解説したものだと思ってしまうのですが、国文法については、不思議なことに学者の大多数がおかしいと感じていることが、堂々と教えられているわけです。

文法が少しでも勉強する価値のあるものになるためには、できるだけコトバの姿を正確に言い表していて、説明も納得のいくものでなければなりません。本書では、そのことを心がけながら、国文法のおかしな点を指摘し、それを改善するにはどうしたらいいのかをお話ししてきました。そして、こういう国文法ができあがったのは、どこに問題があったのかについても考えてみました。これから書かれる国文法の教科書が、人間のコトバの一員としての日本語の正しい姿を伝えるものになってくれることを願ってやみません。

最後になりましたが、本書を執筆することをすすめて下さり、さまざまの貴重なご指摘をいただいた、講談社現代新書出版部の髙橋明男さんに心からの感謝をささげます。

平成一四年六月

町田　健

【参考文献】

井上優『日本語文法のしくみ』研究社出版
J・カラー『ソシュール』川本茂雄訳、岩波書店
金田一春彦『日本語』岩波書店
白川博之（監修）・庵功雄・高梨信乃・中西久美子・山田敏弘『初級を教える人のための日本語文法ハンドブック』スリーエーネットワーク
寺村秀夫『日本語のシンタクスと意味』第1巻、第2巻、第3巻、くろしお出版
時枝誠記『國語学言論』岩波書店
時枝誠記『日本文法―口語篇』岩波書店
野田尚史『はじめての人の日本語文法』くろしお出版
橋本進吉『国語学概論』岩波書店
益岡隆志・田窪行則『基礎日本語文法』くろしお出版
町田健『日本語のしくみがわかる本』研究社出版
三上章『象は鼻が長い』くろしお出版
John A.Hawkins : *A performance theory of order and constituency*. Cambridge University Press
Ferdinand de Saussure : *Cours de linguistique générale*. Payot

講談社現代新書　1618

まちがいだらけの日本語《にほんご》文法《ぶんぽう》

二〇〇二年七月二〇日第一刷発行

著者——町田《まちだ》　健《けん》　

発行者——野間佐和子　発行所——株式会社講談社
東京都文京区音羽二丁目一二—二一　郵便番号一一二—八〇〇一
電話（出版部）〇三—五三九五—三五二一　（販売部）〇三—五三九五—五八一七　（業務部）〇三—五三九五—三六一五
装幀者——杉浦康平＋坂野公一
印刷所——凸版印刷株式会社　製本所——株式会社大進堂
（定価はカバーに表示してあります）　Printed in Japan

N.D.C.815　270p　18cm
ISBN4-06-149618-2

「講談社現代新書」の刊行にあたって

教養は万人が身をもって養い創造すべきものであって、一部の専門家の占有物として、ただ一方的に人々の手もとに配布され伝達されうるものではありません。

しかし、不幸にしてわが国の現状では、教養の重要な養いとなるべき書物は、ほとんど講壇からの天下りや単なる解説に終始し、知識技術を真剣に希求する青少年・学生・一般民衆の根本的な疑問や興味は、けっして十分に答えられ、解きほぐされ、手引きされることがありません。万人の内奥から発した真正の教養への芽ばえが、こうして放置され、むなしく滅びさる運命にゆだねられているのです。

このことは、中・高校だけで教育をおわる人々の成長をはばんでいるだけでなく、大学に進んだり、インテリと目されたりする人々の精神力の健康さえもむしばみ、わが国の文化の実質をまことに脆弱なものにしています。単なる博識以上の根強い思索力・判断力、および確かな技術にささえられた教養を必要とする日本の将来にとって、これは真剣に憂慮されなければならない事態であるといわなければなりません。

わたしたちの「講談社現代新書」は、この事態の克服を意図して計画されたものです。これによってわたしたちは、講壇からの天下りでもなく、単なる解説書でもない、もっぱら万人の魂に生ずる初発的かつ根本的な問題をとらえ、掘り起こし、手引きし、しかも最新の知識への展望を万人に確立させる書物を、新しく世の中に送り出したいと念願しています。

わたしたちは、創業以来民衆を対象とする啓蒙の仕事に専心してきた講談社にとって、これこそもっともふさわしい課題であり、伝統ある出版社としての義務でもあると考えているのです。

一九六四年四月　**野間省一**